JE SUIS NÉ À VINGT ANS

Gérard Lenorman

JE SUIS NÉ À VINGT ANS

ÉDITIONS FRANCE LOISIRS

Édition du Club France Loisirs,
avec l'autorisation des Éditions Calmann-Lévy.

Éditions France Loisirs,
123, boulevard de Grenelle, Paris.
www.franceloisirs.com

ISBN : 978-2-298-01314-6

À Marie...
qui de mes pires moments
en a fait les meilleurs.

Je dédie ce témoignage à celles et ceux
qui décident un jour de briser leurs chaînes,
broyer les souvenirs destructeurs et chasser leurs démons.

Prélude

Cela va bientôt faire quarante ans que je partage tout avec vous. Tout ou presque. Car, vous l'ignorez probablement, mais le partage est une notion difficile à concevoir pour moi. On ne me l'a jamais enseigné ; je suis pour ainsi dire un autodidacte dans ce domaine comme dans bien d'autres, d'ailleurs !

Mes joies, mes peines, mes peurs, mes envies, je les ai toujours enfouies au plus profond de moi jusqu'à l'asphyxie. Pendant des décennies, je n'existais pas ou plutôt j'étais ailleurs. La nuit, dans mes cauchemars et le jour, dans mes rêves ; je n'ai fait que ça, rêver... Question de survie. Que pouvais-je attendre ? Rien si ce n'est un hypothétique réveil. Demain, peut-être ? Jamais, sans doute !

Et puis, vous êtes venus. Toutes ces mains tendues vers moi ! Je suis né du public. C'est grâce à vous que j'ai pu enfin « débarquer sur terre ». Le public m'a étreint, m'a aimé. Comme un parent, comme un ami, comme un enfant. *Enfant*, le mot me gêne et me trouble. Il me plonge immanquablement dans une mélancolie abyssale et me renvoie, avec une certaine violence, à l'indicible frustration, à l'abomination du mensonge et à l'atrocité du mépris.

Je ne cherche pas à régler des comptes avec quiconque, si ce n'est avec moi-même. Je ne cherche pas non plus à vous faire croire aux contes de fées. Pourtant, il me semble bien que c'est ainsi que ma vie – ma vraie vie – a commencé...

Et moi je chante, je chante, je chante,
Je ne sais faire que ça, je chante,
De tout mon désespoir, je chante, je suis heureux.

Cahin-caha, bonheur et désespérance ont cohabité et agité mon âme pendant plus d'un demi-siècle. Le bonheur, je vous le dois. Je l'ai reçu comme un cadeau inespéré, avec la maladresse légendaire qui me caractérise, tel un naufragé qui se saisit de la bouée pour regagner le rivage. Quant à la désespérance, elle est née en même temps que moi et m'a poursuivi toute mon enfance. Il me faut rattraper le temps et la tendresse perdus. J'ai beaucoup couru et je cours encore après moi-même. Longtemps, je n'ai été qu'une plaie béante. L'heure de la délivrance a peut-être sonné. Pour connaître un semblant de sérénité, je dois ouvrir mon cœur. Vous ouvrir mon cœur.

Un si long silence

Du plus loin qu'il m'en souvienne, j'aimais ma mère. Je l'ai aimée longtemps. Très longtemps. Je l'ai aimée sans compter. Sans douter. Sans analyser. J'étais certes trop petit pour me lancer dans cet exercice pour lequel je n'ai jamais reçu de mode d'emploi. D'instinct, j'ai vite compris qu'il était de mon intérêt de me faire oublier si je voulais mener une existence à peu près supportable. J'entendais, mais ne voulais pas tout entendre, je voyais mais ne voulais pas tout voir, je parlais – si peu ! – mais ne voulais pas poser de questions qui seraient, de toute façon, restées sans réponses. J'étais les trois petits Singes de la Sagesse à moi tout seul !

C'est pour cela que j'ai pu aimer ma mère d'un amour inconditionnel. Si quelqu'un, un adulte ou un garnement du village, s'était avisé de la critiquer ouvertement ou de déblatérer sur son compte, derrière son dos, j'aurais aussitôt pris sa défense. J'étais heureux et fier de me considérer comme son protecteur, son preux chevalier, moi, Gérard Christian Éric Lenormand, son fils chéri et adoré...

Chéri et adoré ? Non, je ne l'étais pas. Je ne pouvais pas l'être ! Je n'aurais pas su dire pourquoi mais je sentais bien que quelque chose clochait... Une chape de plomb s'était abattue sur notre maison. C'était comme si un frein ralentissait l'amour de ma mère ; un frein si puissant qu'il l'arrêtait net dans son élan. Cet amour ne pouvait donc parvenir jusqu'à moi. À trois ans, on peut avoir des certitudes. J'en avais : celle, entre autres, de ne pas avoir été programmé pour exister.

Je suis né en février 1945 au château de Bénouville qui, à l'époque, était tenu par des religieuses. Cet endroit avait pour vocation d'accueillir et d'aider les jeunes femmes en difficulté et, en particulier, les filles mères. Je suis donc né à Bénouville, petit village du Calvados, loin de celui de Turqueville dans la Manche, où ma grand-mère Augustine avait ses racines. C'est ainsi que je suis devenu un petit « calva » au lieu d'être un petit « manchot ». C'est joli les petits manchots, mais ça vit sur la banquise. C'est bien de l'avoir connue, la banquise, mais il ne faut pas y rester trop longtemps. On y gèle d'autant plus lorsqu'on est nu et désarmé.

J'ai découvert aussitôt un monde que je ne qualifierais pas d'hostile, mais plutôt un monde où le silence régnait, implacable. Madeleine Lenormand, enceinte à seize ans, d'un soldat allemand de surcroît, avait pris la précaution de ne pas accoucher chez elle. L'éloignement et la discrétion s'imposaient. La mentalité de l'époque et le contexte historique et géographique avaient probablement incité la mère et la fille à prendre la décision, sinon de fuir, du moins de se faire oublier. Ma grand-mère a-t-elle eu à cœur de protéger son enfant des quolibets, des injures peut-être ? Ma mère s'est-elle sentie bannie de la société ? Maudite d'avoir aimé et donc fauté ? Se savait-elle condamnée, ainsi injustement privée d'une existence normale, pleine de promesses, à laquelle toutes les jeunes filles veulent et peuvent prétendre ? Je ne le saurai pas puisque nous n'aurons jamais, elle et moi, cette discussion ni aucune autre d'ailleurs.

Elle a dû en entendre, en baver ! Je comprends aisément que les circonstances de mon arrivée dans sa vie – mon intrusion, devrais-je dire – ne favorisaient pas la liesse. Je n'étais pas aimable, au sens propre du terme. Mais j'étais aimant.

Longtemps, j'ai aimé ma mère. Elle aurait pu fréquenter un bataillon de Boches, qu'est-ce que cela aurait bien pu faire ? C'était ma mère. Je l'aimais. Je les aime bien les hérissons, mais je ne peux pas les serrer contre moi ; ça pique, ça véhicule des maladies et ça bouffe des limaces. Ça me fait gerber, les limaces...

On n'a jamais vu un fils renier sa maman parce qu'elle a « couché avec un Boche ». Une mère, c'est sacré ! D'ailleurs, je ne lui demandais pas de me raconter sa vie. Le seul qui n'en avait rien à foutre de ce père fantôme, c'était moi ! Ou plutôt si, je ne lui demandais qu'une chose : qu'elle me raconte une histoire, une belle histoire. Mon imagination, déjà galopante, échafaudait les scénarios les plus romantiques. Je ne prononçais pas le mot « amour » – le connaissais-je seulement ? – mais c'était pourtant bien de cela dont il s'agissait ! Plus tard, quand j'ai été en âge de découvrir ces personnages mythiques, j'ai immédiatement pensé à Roméo et Juliette, amants de légende. Une Capulet ne peut aimer un Montaigu. Et pourtant, le miracle s'est produit. Des ennemis jurés peuvent, rien que par la force de leur amour, braver les interdits, anéantir les préjugés et vaincre la haine, même ancestrale. Une jeune Française de seize ans et un bel Allemand ne peuvent-ils susciter le même miracle en laissant leurs cœurs et leurs corps s'embraser ?

Cet homme élancé à la chevelure blonde et aux yeux clairs qui aimait ma mère, et que ma mère aimait – cela ne fait pour moi aucun doute – devait être séduisant. Il l'était si j'en crois les photos noir et blanc entraperçues dans notre modeste logis de la rue Damrémont à Paris quand ma mère les montrait subrepticement à sa sœur. Instinctivement, j'étais allé vers elles, hissé sur la pointe des pieds pour ne pas perdre une miette de la scène dont je subodorais l'importance, je « savais » que quelque chose me concernait. J'étais petit mais le rapide coup d'œil jeté sur les clichés disposés sur une chaise m'a suffi pour graver ces images dans ma mémoire. Je revois la petite fenêtre qui donnait sur le cimetière de Montmartre, l'atmosphère de la chambre et les vêtements... La scène se passait probablement un dimanche, car je me souviens des jolies robes de ma mère. À cette époque, la mode mettait les femmes en valeur. Il ne faut pas oublier que les deux sœurs Lenormand étaient des filles de province ; elles s'endimanchaient ce jour-là. Les mots, eux, se sont envolés. J'ai bien perçu une complicité de femmes mais je n'ai aucun souvenir de leurs conciliabules, sans doute murmurés pour que je ne me mêle pas des affaires des grandes personnes. Ma mère n'a jamais jugé bon de me les montrer à moi, son fils, le fruit de ses amours interdites et donc coupables. Je la soupçonne de n'en avoir eu ni l'idée ni l'envie.

« Viens, Gérard ! J'ai vécu quelque chose de très important et j'aimerais te le raconter maintenant que tu es en âge de comprendre. » Combien de fois ai-je rêvé d'entendre cette phrase ? Pas une confession, pas un aveu mais une invitation à écouter une histoire ! Une histoire arrangée peut-être, mais ce sont les plus belles puisqu'elles parlent d'amour ! Je n'ai rien contre les êtres un peu mégalos qui travestissent les faits et les enjolivent. Je peux très bien comprendre la démarche et les petits arrangements consentis avec la réalité. Quand une personne s'arrange avec la vérité, je ne cherche pas à tout prix à élucider son mystère. Je fais preuve d'indulgence.

Je me demande si ma mère a conservé les photos. Dans mon souvenir, c'est flagrant : l'homme au port altier, qui pose délibérément face à l'objectif, est soucieux de son image. Il prend, semble-t-il, un réel plaisir à être photographié. J'ai été engendré par un séducteur ; ce n'est pas une maladie honteuse ! Madeleine peut s'enorgueillir d'avoir été l'heureuse élue d'un charmeur invétéré qui avait plutôt le choix de ses conquêtes alentour. Il aurait fallu un peu de recul, un soupçon d'intelligence aussi peut-être, pour analyser la situation, si difficile soit-elle. Je pense que la vie forme tous les êtres – à la dure, parfois – et les amène, tôt ou tard, à des réflexions indispensables, source d'un peu de sérénité, de tolérance. « Allez, ça suffit comme ça ! Ce gamin n'est pas mon souffre-douleur. Il n'a pas demandé à être là. C'est le fruit d'une passion condamnée d'avance, c'est le fruit d'une erreur de jeunesse, pourquoi ne pas m'en arranger ? Pourquoi ne pas accepter mon propre vécu ? Pourquoi ne pas me libérer de ce poids ? Partagé, il sera plus léger ! »

De toute évidence, Madeleine ne souhaitait pas partager son secret. Pas avec moi, en tout cas. Ce putain de silence a dominé toute ma vie jusqu'à l'empoisonner !

Je comptais pour du beurre mais je n'en nourrissais pas d'amertume. Je faisais avec. J'engrangeais ce que je pouvais capter, au gré des conversations, je glanais indices et bribes d'informations pour reconstituer le puzzle, mais sans plus. Mon père ne faisait pas partie du paysage et je m'en accommodais. Il y avait bien quelques questions qui fusaient dans la cour de récré, mais j'esquivais. J'étais hermétique à la cruauté des réflexions, en autiste que j'étais. Je ne fixais pas la méchanceté. Ma mère m'avait soufflé les réponses à fournir au cas où. Mais, bizarrement, je ne m'en souviens pas. C'est flou dans mon esprit. J'ai toujours été un grand improvisateur. Mais un menteur, ça, jamais ! Je n'ai jamais aimé le mensonge. Alors, j'évitais de m'expliquer, de justifier l'absence. Je ne répondais pas. Comme j'étais timide, renfermé et solitaire, cela n'étonnait personne. Pendant des décennies, ma mère confessait à qui voulait l'entendre que j'étais « le fils d'un soldat américain ». Cela faisait mieux dans le tableau. Elle ne me l'a pas dit à moi. C'eut été m'accorder trop d'importance. L'information m'est parvenue grâce aux commérages. Mais, pour moi, la vérité ne pouvait venir que d'elle. Les yeux dans les yeux. La main sur l'épaule. C'est un geste qui m'a toujours manqué... Je n'étais pas animé d'un fervent désir de fouiner, de fouiller ici et là – ma discrétion est innée. Non, je ne souhaitais pas en savoir plus car je ne marchais pas dans la combine. Je flairais la menterie à des kilomètres.

La famille Lenormand aime bien se cacher derrière le mensonge. Ma mère n'était pas la moins douée du clan. Elle affabule complètement et raconte l'histoire à sa façon, en l'agrémentant de détails. Ses petits arrangements avec la vérité ne m'ont jamais convaincu ; ils m'ont parfois séduit mais jamais dupé ! J'ai vite compris qu'il était vain de mettre le sujet sur le tapis. Aujourd'hui, c'est une dame âgée dont la mémoire part à la dérive. Elle ne le fait plus exprès. Elle finit par croire à ses propres délires. Mais depuis ma plus petite enfance, il y avait pire que la trahison, il y avait ce silence de mort. On ne me disait rien. Je n'en valais pas la peine. Mes tantes et ma grand-mère, les seules qui auraient pu me fournir des explications, ont opté pour le mutisme. S'étaient-elles engagées à tenir une promesse ? Je crois plutôt que le sujet était tabou. Irrévocable.

Mais maman, prends-moi dans tes bras ! Arrête de me taper sur la gueule du matin au soir ! Arrête de me détester ! Arrête de me regarder avec rage, colère et mépris ! Arrête d'avoir honte de toi, de moi ! Le poids de cette honte va finir par m'écraser, m'étouffer. Me tuer, peut-être ? C'est ce que tu cherches ? Mais je n'étais pas invité à m'épancher et encore moins à me plaindre de mon sort. Je n'étais pas là pour ça. J'étais là pour payer la facture. Si l'idée saugrenue d'appeler à l'aide m'était toutefois passée par la tête, je ne vois pas bien qui serait venu à ma rescousse. Je n'avais personne de mon côté. Quantité négligeable. Indésirable. J'avais, de ce fait, une paix royale, d'une certaine manière. Et si j'étais ravi qu'on ne me demande rien ?

Sûr de me faire rabrouer, je ne cherchais pas souvent à m'exprimer. Si ce n'est à l'église ! À Turqueville, Clémence, la voisine de ma grand-mère, m'emmenait à l'office chaque dimanche. Peu importe ce qu'il s'y disait, il fallait assister à la messe. Ce que j'adorais par-dessus tout, dans cet endroit impressionnant et majestueux, c'était chanter. À cinq ans, haut comme trois pommes, je voyais à peine le clavier de l'harmonium. Juché sur les pédales, je jouais debout ; à mon répertoire, quelques cantiques et *Le Petit Cordonnier*.

Dans cette église, l'acoustique était fabuleuse, magique. Cette amplification des notes me donnait l'impression que les anges m'accompagnaient. Et ils m'accompagnaient ! Devenu chanteur, j'ai décrit mes sensations, restées intactes malgré toutes ces années, au parolier Pierre Delanoë. Il a tellement bien saisi ce que j'avais ressenti, enfant, qu'il a trouvé, dans *L'Enfant des cathédrales*, cette merveilleuse formule : « La sono du Bon Dieu ! » Dans *Ouverture*, une autre chanson que nous avons écrite avec Didier Barbelivien, nous y faisons référence ; sorte de petit clin d'œil à mes prestations à l'église du village.

Muselé, emmuré, j'attendais que ça passe. Je me réfugiais dans mon monde, un monde que mon imaginaire avait créé, fort heureusement car, dans la réalité, je me sentais abandonné. Le droit au gîte, au couvert, à la nourriture et aux vêtements, ce n'est pas la vie, c'est la survie. J'ai souvent pensé qu'il eût mieux valu m'abandonner vraiment, me déposer à la DDASS comme on se débarrasse d'un colis trop encombrant. Je le pense toujours. Ma mère a-t-elle subi les pressions familiales que l'on imagine pour ne pas franchir le cap ? A-t-elle manqué de courage ? S'est-elle laissé attendrir ? Là encore, mes questions resteront sans réponses.

Elle m'avait gardé. Soit. C'était mon destin et j'en porterais les stigmates toute ma vie. Le lien affectif est vital. Être aimé de sa mère, ça doit être quelque chose ! Pouvoir se blottir, se lover contre ce corps de femme ! Ai-je jamais eu droit à la moindre démonstration de tendresse ? La désagréable sensation d'une forte répulsion de sa part me poursuit aujourd'hui encore. Je pense que ma mère n'a pas de propension naturelle à aimer et j'ai toujours été effrayé par cette sécheresse d'âme. Et si elle allait m'inoculer le virus ? Je ne sais pas si ce handicap-là se transmet ; mais la déstabilisation s'est très vite mise en marche et la foi en l'amour en a pris un sacré coup. Insidieusement, la peur s'est immiscée dans mes nuits. Le jour, ça allait ; j'errais avec mes rêves pour seuls compagnons de route. Mais, le soir venu, je faisais face à mes démons, envahissants et terrorisants. Me glisser sous la couverture ne signifiait ni repos ni répit. Bien au contraire. Ces brutales plongées dans les ténèbres duraient des heures. Mes nuits hantées m'exténuaient physiquement. Parfois, je volais si haut que l'angoisse du vide me saisissait. D'autres fois – les plus nombreuses – je me débattais dans la fosse aux reptiles. Comme dans la fameuse scène du film *Indiana Jones et les aventuriers de l'Arche perdue.* J'aime vaincre ces vieux souvenirs ; c'est une conquête, une victoire, un dépassement nécessaire et révélateur. Aujourd'hui, je ne me rappelle pas mes rêves.

Mes nuits et mes jours se succédaient. Sans surprise. Moi seul pouvais prendre mon destin en main, mais j'avais encore de longues années de silence devant moi avant d'ouvrir grande la fenêtre...

Un Noël particulièrement chaleureux me reste en mémoire. Un Noël particulièrement chaleureux dû au simple fait que j'étais en Normandie, chez ma grand-mère. J'avais reçu de ma mère une grande boîte de peinture noire. Il y avait une ou deux bricoles en plus mais c'était la boîte de peinture qui me fascinait. Je n'ai même jamais osé m'en servir. Peur de ne pas savoir m'y prendre et de gâcher les couleurs ? C'eut été un sacrilège que d'abîmer ce trésor ! Étais-je inapte à recevoir et à accepter un cadeau ? Je ne sais pas. Le vrai cadeau ne prend tout son sens que s'il est offert en mains propres. Mais ma mère n'était pas là. C'était Noël. Il fallait m'envoyer quelque chose. Elle se caractérisait ainsi : faux-semblants et vraies absences.

L'année de mes quatorze ans, à Issoire, Madeleine m'a offert un vélo. Parce qu'à quatorze ans, dans nos familles, les enfants qui ont décroché leur certificat d'études reçoivent une bicyclette. C'est *la* récompense. C'est aussi un outil pour se rendre au centre d'apprentissage, car les études, l'école, ça suffit. Il faut maintenant gagner sa vie. Mon vélo me servait aussi et surtout à fuguer. Il me procurait une sorte de liberté soumise à conditions, bien sûr. Il me permettait de voler des instants précieux. Je pouvais faire quinze fois le tour de la ville. Je frimais. Je m'arrêtais à la terrasse des cafés où mes copains sirotaient la boisson à la mode : le tango, mélange de bière et de grenadine. Je faisais tout pour donner l'illusion d'être un adolescent normal. C'était une façon de camoufler mes carences. Je ne me plaignais jamais de ma mère ni de mon sort à personne.

Ce qui comptait, c'était de pouvoir rendre service, de me rendre utile. Je pouvais me charger des commissions. Je pouvais faire beaucoup de choses. Et ma mère ne se gênait pas pour solliciter mon aide substantielle. J'étais la petite bonne à la maison. Aujourd'hui, je peux passer des heures à faire le marché, à éplucher fruits et légumes et à mitonner de bons petits plats pour mes proches. J'en éprouve un réel plaisir. Mais pendant des années, j'ai refusé toute tâche dite ménagère. Passer un coup de balai m'était impossible. Faire la vaisselle me renvoyait à des corvées trop familières. J'avais bien donné dans ma jeunesse !

En attendant le jour béni de mon départ, il fallait tenir. Quitter le foyer familial pour ne plus être broyé était plus qu'un objectif, une évidence. Je n'avais droit à rien. Aucune culture, aucun conseil, aucune attention. Et je devais faire avec ! Dans les circonstances si particulières de ma naissance, je n'étais pas programmé pour le bonheur. Quand je n'en pouvais plus, que je ne voyais pas d'issue, je voulais disparaître du paysage. Après tout, Madeleine m'avait fourni un vélo ! La nuit, je filais en douce et pédalais comme un fou jusqu'à la rivière qui m'engloutirait et me délivrerait. Mais les eaux agitées et profondes de La Couse m'impressionnaient. Quand je l'ai revue, bien après, j'ai eu l'impression de contempler un ru. Il faut dire que nous avons appauvri nos cours d'eau, tari et dévié beaucoup de nos sources. Quand je pense que je voulais sauter là-dedans ! Je me serais fait de sacrées bosses !

Tout a été fait dans ma vie pour effacer le moindre réflexe d'analyse, la moindre tentative de compréhension. Ne pas s'attarder sur ses problèmes personnels aurait pu être la devise de Madeleine si elle avait voulu me transmettre quelque chose. Aujourd'hui, si je souffre, j'ignore mon mal. Je l'occulte longtemps, par habitude. Je m'interdis la question : « Je ne suis pas bien. Pourquoi ? »

Il faut peut-être remonter à mes jeunes années où les douleurs morales et physiques n'avaient pas droit de cité. Elles ne pouvaient tout simplement pas exister. J'ai fait des otites à répétition jusqu'à un âge très avancé parce que je n'ai jamais été suivi médicalement. Je me soignais en douce à l'eau chaude, tout seul, comme je pouvais. Pas de médecin ! J'en ai gardé des séquelles. Tout mon appareil ORL est fragilisé. Je ne sais toujours pas comment j'ai réussi à chanter avec ce handicap. Pour moi, la voix était le seul instrument dont je disposais, mon seul moyen d'expression. Dans l'escalier, en attendant ma mère, je faisais une fanfare à moi tout seul. Si le bruit d'un avion déchirait le ciel, je faisais l'avion. J'imitais tous les bruits, du moteur des voitures aux cris des animaux. Je testais ma voix. Je m'entraînais. Madeleine n'a pas compris que j'avais le goût du chant ancré en moi. Elle n'a jamais rien perçu. J'étais un encombrant. Son encombrant. Comment peut-on deviner la passion qui habite un petit être quand on rejette tout de lui ? Mais je peux comprendre ce refus de moi : j'incarnais l'interdit, la privation de liberté. Je ne représentais que ça. Et ce n'était pas rien !

Grâce à Augustine, ma grand-mère qui m'accueillait pour les grandes vacances, je respirais un peu. C'était une sorte de rééducation ; comme un prisonnier réapprend la liberté, je réapprenais à vivre pendant presque trois mois. Il m'arrivait de séjourner aussi chez elle en dehors des périodes de vacances scolaires « quand il le fallait ». Je ne sais pas pourquoi « il le fallait », mais toujours est-il que j'étais expédié chez mon aïeule et ce, à plusieurs occasions. Sans explication ni préavis. Ouste ! Ce qui fait dire encore aujourd'hui à certains villageois que je suis allé à l'école chez eux. Même si ma notion du temps demeure floue, je crois que mes visites ne duraient pas bien longtemps.

Chez Augustine, je coulais des jours heureux. Il est des réminiscences d'une douceur enveloppante qui, aujourd'hui encore, me procurent un sentiment de joie. Là-bas, je me sentais aimé. Protégé. À l'abri de toutes les tristesses. De toutes les noirceurs.

Sous des aspects un peu bourrus, ma grand-mère était une brave femme. J'appartenais à une lignée de serviteurs, de gens de ferme. J'avais beau être petit, j'avais confusément conscience qu'un fossé séparait les membres de ma famille, simples ouvriers agricoles, et les propriétaires terriens qui leur procuraient du travail. Cela m'a dérangé, choqué et peiné au début ; je voyais bien que nous n'étions pas à égalité : les employés agricoles n'avaient pas les moyens d'acquérir une maison, ils étaient logés et autorisés à utiliser le matériel des patrons pour leurs propres récoltes. Mais s'ils exploitaient les terres, ils n'étaient pas fatalement exploités. Le contexte était peut-être moins caricatural que l'on a bien voulu le décrire. Lorsque j'allais chez les maîtres, j'étais gâté. J'étais reçu partout comme un petit prince. Je n'étais pas tout le temps là-bas. Quel dommage car je m'y plaisais tellement !

J'ai réalisé, avec beaucoup de recul, que tout le village m'accueillait à bras ouverts, avec générosité, élégance et discrétion. En ce temps-là, on ne parlait pas de famille monoparentale ; je n'avais pas de père et ce n'était pas un drame pour moi. Ou plutôt le drame était ailleurs. Je n'ai peut-être pas eu de père mais j'ai eu beaucoup mieux que ça ! J'ai eu tout un village de parents ! Dommage que j'aie mis cinquante ans à le réaliser. Et toutes ces âmes charitables m'ont apporté une réelle ouverture sur le monde. À leur contact, j'ai appris énormément de choses : l'amour de la terre, les rudes lois de l'élevage, la vie à la ferme, les noisettes à l'automne, la campagne normande à la période grasse, l'arc-en-ciel après la pluie, les fleurs d'or qui émergent des champs, les vaches qui se gavent et font le beurre le plus jaune et le plus parfumé du monde... Une bénédiction. Je me rappelle le passage tant attendu des poissonniers ambulants qui vendaient soles, moules et crevettes grises sautillant dans les cageots. À chaque visite, j'éprouvais un réel bonheur d'être là. Je me nourrissais du fabuleux spectacle qu'offrait la nature. Je n'avais qu'à me repaître des délices qui m'étaient offerts. J'ai connu cette époque superbe qui, pour moi, reste intemporelle. Je devais avoir sept ou huit ans lorsque j'ai vu pour la première fois une automobile traverser le village. Ah ! La traction avant de M. Lécuyer ! Je garde aussi en mémoire ces chars à foin, qui n'existaient plus que dans notre région, aux architectures savantes et impressionnantes, tirés par six percherons harnachés, apprêtés majestueusement comme pour une grande parade chaque jour renouvelée. Le plan Marshall était déjà en place, les tracteurs arrivaient. Nous étions très contents de bénéficier de cette aide providentielle et cependant peu enclins à bousculer notre rythme et pas vraiment pressés de rompre avec nos habitudes.

J'ai vu les Américains nettoyer les plages normandes. Combien de jeunes ont laissé leur vie dans nos régions bien après la guerre ! Combien de mes petits et grands voisins sont rentrés de leurs balades ou des travaux des champs mutilés ! Tous ces blockhaus restés ouverts attiraient les enfants. Ces sites étaient devenus notre terrain de jeu favori ; nous fouillions le sol à la recherche de quelque vestige de guerre au risque de tomber sur des grenades qui menaçaient de nous exploser à la figure à tout moment. Mon cousin, le fils de ma tante Yvonne, est mort déchiqueté sur l'une de ces plages, victime de sa funeste chasse aux trésors. Quant à Charles Travers, le mari de Clémence, il s'est fait piéger pendant qu'il labourait son jardin. Ses deux mains n'étaient plus que des moignons. J'ai alors compris pourquoi les adultes nous interdisaient formellement d'aller jouer sur la plage sans surveillance, mais nous y traînions quand même. En cachette.

Ma mère ne cédait jamais. Il était hors de question, par exemple, que je mette le nez dehors tant que je n'avais pas terminé ce que j'avais dans mon assiette ; ce qui était fréquent, je l'avoue. Comme tous les gamins du monde, j'imagine. Il arrivait qu'elle cuisine des plats dont je ne raffolais pas. S'agissait-il d'épinards ou d'autres denrées ? Je ne m'en souviens pas. Mais elle s'obstinait. Je n'avais pas touché à mon assiette le midi ? Je la retrouvais intacte le soir. Pour marquer son autorité, pour m'apprendre à manger de tout, sans doute. Une fois, lorsque nous habitions encore à Paris, rue Pigalle, elle s'est acharnée pendant toute une semaine. Je n'ai rien eu d'autre à me mettre sous la dent. Je n'ai pas cédé. J'ai toujours été comme ça : à la fois contrit et déterminé. J'avais envie de hurler : « Mais pourquoi tu me fais ça ? » Je trouvais le châtiment un peu exagéré. En fait, ma mère n'avait qu'un mot à dire ! Quelqu'un qui me parlait gentiment pouvait tout obtenir de moi et me faire avaler n'importe quoi, même des épinards !

Heureusement, pour les repas, je pouvais compter sur mon cousin Jean-Claude ! Tel Superman, il déboulait à point nommé dans la cuisine. Un coup d'œil à gauche, un coup d'œil à droite. Un autre devant, un autre derrière : la voie était libre. Hop ! Il bourrait la cuillère à ras bord et engloutissait la portion. Il avait un appétit d'ogre et surtout un grand sens de la solidarité ! Enfin débarrassé de cette corvée, j'étais autorisé à sortir. Il n'y avait pas grand-chose de folichon à faire. Jean-Claude m'emmenait au stade. Je n'avais pas la passion du rugby mais tout était bon pour mettre les pieds hors de chez moi. Je n'avais aucune peine à deviner qui l'envoyait me délivrer. « Va donc chercher ton cousin ! », lui suggérait Paulette, sa mère.

De trois ou quatre ans mon aîné, Jean-Claude m'a beaucoup aidé et protégé. Ce n'est pas le seul. Toute sa famille a essayé de m'arracher à ma triste condition. Paulette était non seulement ma tante mais aussi ma marraine. Des trois sœurs de Madeleine, c'est elle qui a toujours répondu présent sans jamais faillir. Elle a recueilli ma mère avec son colis. Mon oncle, qui était aussi mon parrain – l'imagination ou les candidats avaient dû manquer –, me faisait un peu peur. D'origine alsacienne, Charles Schandené avait un accent à couper au couteau et je ne comprenais pas un traître mot de ce qu'il racontait. Mais ce n'était pas l'essentiel. Ce que je percevais, en revanche, c'était sa gentillesse, sa générosité, sa bravoure, sa simplicité. Forgeron de métier, il avait fait carrière dans l'armée. Incroyable bosseur, il forgeait à tour de bras. À la maison, s'il y avait une balustrade à changer, il s'y collait sur-le-champ et mettait tout son cœur à l'ouvrage.

C'était un orfèvre en la matière. Dès que l'on franchissait le seuil de sa maison, on savait qu'un forgeron sévissait dans le coin !

C'était à mes yeux une drôle de famille : les parents aimaient leurs enfants ; les enfants aimaient leurs parents et tout ce petit monde m'aimait ! Je les sentais très chagrinés du comportement de Madeleine à mon égard. Je crois qu'ils en souffraient terriblement mais n'en parlaient qu'entre eux. Si elle avait voulu, tante Paulette, de par sa stature, aurait pu, rien qu'en décochant une baffe à son insupportable sœur, la faire valdinguer à l'autre bout du département. Mais elle était trop gentille pour perpétrer le moindre acte de violence. Et pourtant, il y aurait eu de quoi ! Si seulement Madeleine avait craint quelqu'un, ne serait-ce qu'une seule fois dans sa vie, cela aurait changé le cours des événements...

Paulette et son mari ne sont plus de ce monde. J'espère que j'aurai un jour l'intelligence et le courage d'aller parler avec mes cousins et cousines Jean-Claude, Éliane, Monique et Alain et leur dire tout le réconfort que cette famille soudée et aimante m'a apporté. Mon oncle et ma tante étaient malheureux de ma solitude, de mes silences, de ma souffrance. Ce sont les rares membres de la famille avec lesquels j'ai eu des échanges mais nous n'avons jamais osé nous parler ouvertement du sujet tabou qui a jeté l'opprobre sur le clan Lenormand. Évoquer mon histoire et me révéler la vérité sur ma naissance – vérité qu'ils devaient connaître –, c'était peut-être trop demander. C'était une responsabilité qu'ils ne voulaient pas endosser. Au début, j'étais trop petit pour aborder la question et comprendre les réponses et après nous n'avons pas pu. Nous n'avons pas su.

À Paris, ma vie citadine me paraissait étriquée et sinistre, mais l'évasion m'emmenait ailleurs. Mon cerveau a toujours été une machine à rêver. Quand nous habitions rue Damrémont, j'ai bien cru que mon destin allait basculer. Chaque jour, j'attendais ma mère sur les marches de l'escalier. J'ai toujours aimé les escaliers. J'entendais un de nos voisins, qui était violoniste à l'Opéra de Paris, répéter. Je me souviens qu'il jouait aussi de l'harmonica. Quel enchantement que sa musique résonnant dans l'immeuble ! Je n'ai, bien sûr, pas osé lui faire part ouvertement de mon admiration ni de mon désir d'apprendre sérieusement à jouer d'un instrument, mais ce monsieur a vite deviné ce que je n'exprimais pas. Je crois qu'il m'a seulement dit : « Ça t'intéresse ? Tu veux voir ? » Il m'a invité à le suivre dans son appartement dont je garde le souvenir d'une jatte remplie de beaux fruits qui trônait sur la table de la salle à manger. C'est une image qui me reste car, chez moi, il n'y en avait jamais. Ce musicien a fait preuve d'une grande délicatesse. Il se doutait bien que la dame qui vivait dans la chambre de bonne là-haut n'avait pas les moyens d'inscrire son petit garçon à des leçons de musique. Alors, il m'a proposé de me prendre gratuitement comme élève. Je vacillais de joie. À l'intérieur. Cette offre tenait du miracle. Comment aborder le sujet avec ma mère ? Moi qui ne lui demandais jamais rien, je devais prendre mon courage à deux mains pour l'affronter. Et la convaincre. J'ai tu mon envie pendant des jours, retournant la question dans tous les sens puis j'ai osé. La réponse, je crois que je la connaissais à l'avance, mais j'avais rêvé d'indulgence, de trêve. Je me disais « cette fois, peut-être ? ». Madeleine a non seulement refusé la proposition mais elle m'a interdit d'adresser la parole à notre voisin.

Après la rue Damrémont, nous avons emménagé rue

Pigalle. J'allais à l'école rue Blanche, juste à côté de la caserne des pompiers. Tous les matins, j'entendais sonner le clairon ; j'adorais ça. À cette époque, il était rare que l'on m'emmène quelque part. Madeleine ne me trimballait pas à droite et à gauche. Non. Madeleine ne me proposait pas de distractions. Elle m'élevait. Et c'était déjà bien. Je me chargeais donc moi-même de mes loisirs. Je collais souvent mon nez à la vitrine d'un marchand de téléviseurs, près de la maison, dans le XVIIIe, pour voir ce qui se passait dans le monde. Je m'évadais ainsi et je brisais surtout ma solitude. Le jour où la télévision française a retransmis le couronnement de la reine d'Angleterre, Élisabeth II, je suis resté des heures à me régaler de ce royal spectacle sous une pluie torrentielle. Petit, on ne me lisait, ni me racontait d'histoires. Les adultes autour de moi n'avaient ni le temps ni l'envie de satisfaire à ma demande que, du reste, je ne formulais pas. Mais là, c'était l'histoire avec un grand *H* qui venait à moi et j'en prenais plein les mirettes.

Plus tard, sur grand écran, j'ai eu la chance d'assister à une fresque grandiose. En couleurs, celle-là. Je crois bien devoir à Jeanine, ma grande cousine, cette séance mémorable au cinéma Gaumont de la place Clichy, malheureusement disparu. Il suffisait de traverser le pont Caulaincourt. Quand je passe devant les deux horribles bâtisses qui ont poussé sur ce lieu magique, j'en éprouve une réelle nostalgie. Imaginez *Ben Hur* avec les chevaux, les chars, les costumes, la musique et Charlton Heston ! Un autre jour, tout seul cette fois, je me suis glissé dans la salle et j'ai vu Charles Trenet, accompagné par son pianiste. Le Fou Chantant passait en attraction avant la projection du film, comme cela se faisait en ce temps-là. Entendre la voix juste, légère de ce grand poète, qui maîtrisait le rythme comme personne, fut une révélation.

Est-ce à ces moments précis que j'ai ressenti la magie du spectacle ? Difficile à dire ! Mais lorsque j'évoque ce tour de chant magistral et cette fresque olympienne, visionnée il y a plus de cinquante ans, j'en ai encore des frissons.

Le sourire d'un ange

Entre Dieu et nous, il y a le purgatoire. Entre Madeleine et moi, il y a Saint-Vincent-de-Paul. C'est pendant cette période de transition que Dieu hésite : « Bon, celui-ci, je le laisse en bas ou je le fais monter ? » Et c'est dans cette même période que ma mère s'interroge : « Qu'est-ce que j'en fais ? » Et, probablement sous l'influence de l'une de ses sœurs, ou de deux peut-être, elle opte pour un lâcher de bagages.

Saint-Vincent-de-Paul faisait office de foyer d'accueil. Les familles parisiennes, face à un coup dur ou, pire, pouvaient y déposer un enfant pour une durée que les vicissitudes de la vie et la capacité à endurer les épreuves se chargeaient de déterminer. L'abandon pouvait être provisoire ou définitif ; peu importait le nombre de jours, de semaines, de mois. Il était avéré. L'abandon ne se range jamais dans le tiroir des souvenirs. Il n'appartient jamais au passé, il vous poursuit au présent et vous saccage l'avenir.

J'ai longtemps été une plaie béante mais on sait les bienfaits du temps sur nos meurtrissures ! Cependant, ma cicatrice ne demande qu'à se rouvrir quand j'évoque ces instants d'injustice et de misère. Un orphelinat n'a jamais été un endroit gai, serein, anodin, réconfortant. Un orphelinat n'a jamais été un endroit pour les enfants et c'est pourtant là que des adultes, soi-disant sains de corps et d'esprit, me conduisent. J'avais une mère, me semblait-il. Je n'étais pas orphelin !

Les murs de cet établissement doivent aujourd'hui encore résonner de mille douleurs irréversibles. Ils ressemblaient à ceux d'une prison telle que je me l'imaginais. Parce que le petit garçon que je suis, et qui n'a pas encore atteint l'âge de raison, raisonne. D'instinct. Et il sait que sa mère le met, de son propre chef, derrière les barreaux. Tous les enfants qui atterrissaient là n'étaient pas des petits monstres, mais de pauvres mômes qui avaient perdu leurs parents.

Je suis resté un certain temps à Saint-Vincent-de-Paul. Six mois ? Un an ? Aucune idée ! Mais je me rappelle parfaitement mon séjour. Le temps ne compte pas pour moi. Je ne sais plus si ma mère venait régulièrement mais elle venait. Je ne souffrais pas à proprement parler mais je savais que j'étais abandonné. Par un père, par ma mère ! Douloureuses réminiscences. Tellement floues et tellement précises à la fois. Toutefois, cet isolement m'a forgé, indéniablement.

L'arrivée à Saint-Vincent-de-Paul, c'était ce qu'il y avait de plus terrible. Un mur noir, haut, long. Un mur qui n'en finit pas. Et, moi, face à ce rempart qui bouffe le ciel, les pieds en plomb, le cœur à la renverse, la gorge nouée. Les yeux qui ne voulaient pas... Les cris qui ne devaient pas... Ah ! Putain ! Quel chemin de croix !

Le gigantesque portail donnait directement sur une immense cour. J'y avais élu un coin où personne n'allait jamais ! Je m'y réfugiais la plupart du temps pour digérer ma douleur. J'étais seul et je faisais tout pour le rester : c'était ma meilleure arme de protection.

J'ai toujours évité que ces souvenirs ne remontent à la

surface ; après plus de cinquante ans, ils ravivent les mêmes douleurs. À chaque fois, c'est l'étouffoir. Dois-je le revivre à fond, fouiller jusque dans les moindres recoins de ma mémoire et le vomir une fois pour toutes ? Bon sang, si je pouvais exorciser ce mal, quelle belle victoire ce serait !

J'aurais pu, à force de retourner la situation dans tous les sens pour trouver une porte de sortie, sombrer dans quelque travers. Je n'ai jamais vraiment souhaité avouer mes tendances à l'autodestruction ni même les situer dans le temps. Mais ces noires pensées se sont immiscées en moi ; elles ont sans doute pris racine dans mes jeunes années. Le suicide, du moins l'idée suicidaire, est venue plus tard. Ce n'est pas une réflexion d'enfant, même si j'affirme qu'à six ou sept ans j'étais déjà « grand » et que j'avais compris, sinon tout, du moins l'essentiel. Est-ce une intime conviction ou l'ai-je entendu de la bouche d'un autre ? Je suis incapable de le dire mais j'ai toujours su qu'à cinq ans, la vie d'un homme est écrite. J'ai pu vérifier cette théorie.

Quand je me sentais bridé et que les brides me semblaient trop serrées, si serrées qu'elles devenaient insupportables, je ne pouvais qu'admettre mon impuissance. Comment sortir de ce labyrinthe ? Comment remédier à ma condition de forçat autrement que par l'évasion ? Mon cerveau me permettait de raisonner bien sûr, mais j'étais confronté à des évidences tellement réalistes, cruelles et injustes que je n'entrevoyais pas de solution. À maintes reprises, je me suis dit : « Là, je n'en peux plus. » J'étais arrivé à l'extrême limite du supportable. Et cette phrase, inexorablement, s'imposait à moi : « Ce serait mieux de ne plus être là. » Sans espoir, sans rêves, j'étais persuadé que c'était là la bonne clé. Et quoi que l'on nous ait dit du suicide, contrairement à ce que l'on nous avait enseigné, nous ne serions pas rejetés par Dieu. Je crois en Dieu. L'homme a beaucoup interprété la parole de Dieu. Beaucoup trop, et mal ! Que l'on ne me parle pas de ce Dieu autoritaire, vengeur, que l'on nous a décrit dans l'Ancien Testament. Et surtout pas des institutions religieuses ! J'étais inscrit dans des écoles catholiques et j'ai assisté à des arbitrages qui me semblaient dépourvus de tout sens chrétien. L'enfant qui rencontrait des difficultés, on ne l'aidait surtout pas. En revanche, le fils dont le père dirigeait l'entreprise qui se chargeait régulièrement des travaux à l'école ou à l'église, celui-là on le bichonnait et il n'avait aucun souci à se faire pour conserver sa place de premier de la classe qui lui était acquise d'office.

Au fur et à mesure que le chemin vers l'orphelinat devenait reconnaissable, le chagrin me gagnait ; il anéantissait tout mon être. Je serrais les dents et le cœur pour ne rien exprimer. Il n'en était pas question. J'arrivais au coin de la rue et je longeais ce fameux mur. J'étais lâché là sur le trottoir. J'achevais ma route tout seul. Comme un grand. Mon Dieu que j'étais petit ! Cinq ou six ans ? Pas plus. Madeleine n'avait-elle pas le cœur de franchir avec moi les derniers mètres, certes, les plus difficiles ? Mais ma force à moi était insoupçonnable. Je pouvais avancer bravement dans ce long tunnel noir, car j'allais vers la lumière. Sœur Agnès, mon petit rayon de soleil, était là qui éclairait mon parcours du combattant. Son sourire me réchauffait le cœur. Que serait-il advenu de moi si elle n'avait pas été à mes côtés ? Je l'adorais. Son visage diaphane, surmonté de sa grande cornette aux ailes blanches, me rapprochait des anges. Oui, il fallait bien quelqu'un comme elle pour que je trouve la force d'endurer les épreuves. Et elles n'ont pas manqué.

À cause de mes problèmes ORL, le verdict tombe :

l'ablation des amygdales est décidée. Le dispensaire de Saint-Vincent-de-Paul contacte ma mère pour lui annoncer la nouvelle. Les sœurs requièrent sa présence et m'expliquent rapidement ce qui va se passer. Pour moi, c'était grave puisque Madeleine était là.

Cette journée, je m'en souviens comme si c'était hier. Nous traversons l'immense cour de l'orphelinat. Je découvre alors le dispensaire. L'attente me semble interminable. Les bancs adossés au mur dans le couloir. La peinture défraîchie. Le cadre plus que spartiate. Mon tour arrive. Nous sommes, ma mère et moi, introduits dans la salle, tout aussi spartiate, réservée aux opérations. Rien à voir avec un bloc opératoire ! C'était l'après-guerre, mais on se serait cru dans un hôpital de campagne en première ligne. Les sœurs me hissent sur un siège réservé aux tout-petits avec de longs barreaux qui ressemblent à des échasses. Ainsi surélevé, je me trouve à la bonne hauteur. Je ne revois pas d'infirmière pour assister le médecin. D'où sortait-il d'ailleurs ? Je ne crois pas qu'il officiait là à demeure, mais plutôt qu'il venait sur commande pour pratiquer les interventions. Dans quelle mesure l'hygiène la plus rudimentaire était-elle respectée ? Je me souviens du moment précis où l'on m'attache les pieds et les mains aux accoudoirs de la petite chaise avec des lanières en cuir. Je suis fin prêt. Le chirurgien – l'était-il réellement ? – peut m'arracher les amygdales avec une paire de tenailles. Je ne veux pas faire de vague, je dois me montrer courageux devant ma mère. Pourtant, j'ai hurlé de douleur, on s'en doute. Pendant des jours, j'ai craché du sang. Je ne revois pas beaucoup d'instruments chirurgicaux mais je me rappelle le haricot. Ah ! ça, je le revois, ce haricot rempli de mon sang.

Ma mère est là. Elle me soutient la tête pendant toute l'opération. Elle est condamnée à assister à ce spectacle. Elle ne peut s'y soustraire. Madeleine, si jeune, confrontée à la douleur de son fils, devait se sentir bien impuissante. Choquée par les conditions précaires de l'intervention ? En plein désarroi ? S'est-elle montrée affectueuse, compatissante, inquiète ? Je ne sais pas. Ai-je perdu conscience ? Étais-je à ce point terrorisé pour tout occulter de la sorte ? Anesthésié ? Certainement pas, car l'intervention se déroule sans anesthésie. Le mot torture m'évoque encore aujourd'hui cette opération que je qualifierais d'acte de barbarie.

Acharnement du sort. Le médecin loupe son coup. Il faudra remettre ça et, cette fois, je savais ce qui m'attendait ! Aujourd'hui encore, le fond de ma gorge est un champ de bataille.

Sœur Agnès, c'est le premier ange que j'ai rencontré sur terre. C'est ainsi que je l'ai décrite au magazine *Marie Claire* des années plus tard ! Devenu artiste, j'étais régulièrement sollicité par les médias et je me pliais, souvent avec une extrême méfiance, à l'exercice. Quand la journaliste Caroline Rocheman me soumit un thème de reportage, je ne me doutai pas du bonheur et de l'émotion qui m'attendaient ! Il s'agissait de rendre hommage à une femme que j'admirais et de l'incarner pour une séance photo, assortie d'un « papier » dans lequel je racontais mon histoire, étroitement liée à la sienne. Les reporters ont parfois de ces idées ! Je n'étais pas franchement emballé. Ma réticence s'estompa vite cependant lorsque je songeai à cet être d'exception que je n'avais jamais remercié. Introverti au possible, j'aurais été incapable de me lancer dans ce genre de déclaration de mon plein gré. Une telle entreprise m'aurait paru insurmontable, source d'embarras, de douleur, de honte. J'ai beaucoup de mal avec les sentiments, quels qu'ils soient.

Caroline Rocheman m'a tendu une perche, en quelque

sorte. Je l'ai saisie et j'ai relaté avec pudeur mon récit. Me voilà donc avec Sœur Agnès sur papier glacé. La religieuse tombe miraculeusement, si j'ose dire, sur l'article et s'empresse de contacter la rédaction du magazine. Chez le dentiste ou à l'archevêché ? Où Sœur Agnès a-t-elle bien pu lire « notre » histoire ? Elle ne m'avait pas oublié. Quel joli signe de là-haut ! Oserai-je dire que j'ai mis ensuite plus d'un an avant de réagir ? Le handicapé des sentiments que j'étais – et que je suis toujours – avait besoin d'une rééducation intensive. Pendant toute cette année de gestation, Marie, ma femme, mon autre ange gardien, me demandait sans insister : « Où en es-tu, Gérard, avec Sœur Agnès ? » Je n'en étais nulle part. J'avais une peur bleue. J'étais submergé par l'émotion, les souvenirs se bousculaient. Tout remontait. Encore et encore. Et ça faisait un mal de chien. Longtemps, ma réponse à Marie est restée inchangée : « Oui, oui, je vais l'appeler ! »

C'est tout moi, avec mes sabots de plomb, qui collent en plus. Quel gâchis ! Je me dis parfois : « Mais est-ce possible d'être con à ce point-là ? » Avant de trousser un petit mot à quelqu'un que j'adore, il peut passer de l'eau sous les ponts. Quel nul je fais ! J'ai été élevé dans le culte du silence. Pas de sentiments. Toute situation directement liée à l'affect a toujours fait l'objet de répression ; les émotions ont été bannies, étouffées, niées. Peut-être en suis-je encore au stade de l'apprentissage ? Attardé sentimental ? C'est ça !

Pourquoi ai-je tant de mal à vivre encore aujourd'hui ? Comment puis-je respirer, vivre normalement après ça ? Qu'avais-je bien pu faire pour mériter de telles privations ? Combien de temps allais-je devoir expier mes fautes ? Et lesquelles ?

Dès que des scènes longtemps refoulées revenaient à la surface, je m'en trouvais considérablement secoué. Fallait-il me décider à consulter enfin un psy ? J'avais tellement été habitué à tout prendre sur moi que l'exercice d'extériorisation me semblait insurmontable. Et douloureux. Toutes ces choses tues, toutes ces peines enfouies allaient me sauter à la figure, à coup sûr. L'affectif coince toujours et le temps ne fait rien à l'affaire. L'entreprise de grand déballage et de grand nettoyage promettait d'être cruelle. Sûrement. Salvatrice, peut-être. Mais je ne me suis jamais résolu à consulter.

Bien sûr, je crevais d'envie de serrer Sœur Agnès dans mes bras, de lui dire tout ce que j'avais eu sur le cœur. Il m'a fallu tout ce temps de réflexion. Il m'a surtout fallu me préparer au choc émotionnel qui allait, je le savais, me dévaster et raviver les blessures anciennes. Nul besoin de préciser que nos retrouvailles furent bouleversantes. Son amour indéfectible, je ne l'avais pas rêvé, moi qui rêvais beaucoup. Elle m'adorait. Elle m'aimait d'un amour fort et sincère, indestructible. Je n'avais pas acquis une grande expérience de l'amour mais Sœur Agnès me faisait découvrir ce sentiment splendide et confus que peu de personnes avaient éprouvé pour moi jusqu'ici. Elle m'adorait, je le sais, parce qu'elle m'a confié avoir conservé ma photo. Sur ce cliché jauni par les années le destin de tout un groupe était immortalisé. Mais le seul qu'elle voyait, le seul qu'elle gardait dans son cœur, « c'était toi, mon petit Gérard ». Plus d'un demi-siècle après, elle m'était restée fidèle.

On pouvait donc m'aimer. Madeleine aurait pu m'aimer !

Longtemps après, j'ai appris que ces femmes-là, qui, comme ma mère, avaient fréquenté l'ennemi de trop près, ont été insultées, outragées, tondues ; Madeleine est heureusement passée au travers des mailles du filet, protégée par ses sœurs et notamment ma tante Paulette et tout un village qui jamais, devant moi en tout cas, ne prononcera de paroles offensantes à son égard. Madeleine n'a pas été victime des règlements de comptes cruels, scandaleux, humiliants qui sévirent en ces temps troublés de la Libération.

Je ne lui trouve donc pas d'excuse et il n'y a toujours pas prescription. Mentir, même par omission, ça peut tuer. Je suis croyant mais sans doute pas un chrétien exemplaire car le mensonge, je ne le pardonne pas.

J'ai longtemps aimé ma mère et j'ai mis longtemps à ne plus l'aimer.

Beau-père

Le bonheur, c'est de savoir
qu'on a quelqu'un à qui parler.

Quand Madeleine se marie avec Hubert, j'ai dix ans et je suis fou de bonheur. J'ai beau ne pas savoir exactement ce que le mot signifie, je devine qu'il dissimule des joies et des délices jusqu'ici interdits. Mon calvaire va prendre fin. Ma solitude aussi. Cet homme doux et bon me fait une excellente impression. Je vais enfin avoir droit à tout ce qui m'a été refusé. À moi la parole, les embrassades, les rires, le mien et celui de mes parents heureux ! À moi la vraie vie des gens normaux ! Un sacré chambardement dans ma petite existence vide à pleurer. Inutile de dire que je vais m'empresser de recevoir l'amour, les câlins, les petits gestes tendres que ce beau-père providentiel me destine, je vais tout prendre. Les quelques instants de sérénité et d'affection vécus dans mon enfance, je les lui dois en grande partie.

Pendant les dix premières années de ma vie, autant dire une éternité, j'ai attendu le réveil. J'ai attendu le moment propice pour sortir de ma torpeur, de mon mutisme. J'ai attendu le miracle ou l'électrochoc. Bon sang, ce que j'ai pu attendre ! C'était juste avant l'arrivée d'Hubert Aumard dans notre vie.

Le destin a opté pour l'électrochoc. Le jour de son mariage, le plus beau jour de sa vie, ma mère prend le temps de me parler, avec ce ton si délicat qu'elle réservait à nos rares échanges : « J'aimerais que, désormais, tu changes de trottoir quand tu me croises dans la rue et surtout que tu cesses de m'appeler maman ! »

De son passé de fille mère, Madeleine voulait faire table rase. Je le suppose même si elle ne me l'a jamais confié. Je le comprends. Je l'ai toujours compris. Saisir le bonheur de peur qu'il ne se sauve, et ce à n'importe quel prix. Au prix de mon rejet, de mon élimination. C'était cher payé ! Madeleine n'y est pas allée de main morte et, comme on dit, elle n'a pas hésité à jeter le bébé avec l'eau du bain.

Comme c'est compliqué les sentiments. Je n'osais rêver au bonheur et voilà qu'à l'instant même où je l'entrevoyais, où je le touchais presque du doigt, il m'échappait pour laisser place à la honte qui me submergeait et me dévastait. Je pensais que les blessures de ma mère avaient eu le temps de cicatriser. Je voulais croire qu'elle avait eu le temps de digérer sa douleur, de l'apprivoiser, qui sait ? D'apprendre à m'accepter, à m'intégrer à sa vie ? Au lieu de cela, elle me sacrifiait sans ciller.

Sa sœur Paulette qui était la crème des femmes lui avait présenté Hubert, qui aurait adopté ses quinze enfants si elle en avait eu quinze. Fils de Boche ou pas. C'était un vrai paysan qui avait travaillé dur depuis l'âge de quatorze ans pour subvenir aux besoins de sa famille. Jamais il n'aurait délaissé sa mère, sa sœur ou ses frères. Il avait quitté sa campagne natale pour se marier avec ma mère. Comme dans la chanson de Brel, Madeleine c'était son horizon, son Amérique à lui. Je serais bien incapable de dire si la réciproque était valable. Madeleine était-elle une femme heureuse à ce moment décisif de son existence ? Avait-elle jamais été capable d'éprouver ce sentiment ? Un sentiment ? Moi, dans ma petite tête, je ne voyais qu'une chose : j'étais sur le point de trouver une famille. Mon espoir d'assister à la construction de « notre » foyer grandissait, mais, pour elle, il n'en était pas question. Pas avec moi, en tout cas, car je rappelais la faute commise et, de toute évidence, j'encombrais la jeune mariée et je lui gâchais le paysage.

Avec les années, j'ai compris que j'étais né bâtisseur. J'ai eu la chance de posséder des maisons, de belles maisons que j'ai restaurées, réhabilitées, aménagées et parfois réinventées. J'ai toujours aimé ça. J'aurais pu en faire mon métier. Madeleine, elle, ne construisait pas. Elle se montrait plus habile dans la destruction massive. Elle possédait toutes les armes pour.

Peu de temps après leur mariage, Madeleine et Hubert se sont installés au-dessus d'une charcuterie. Il fallait grimper un escalier minable en bois pour accéder à leur appartement sous les combles. On refermait vite la porte pour éviter les relents de tripes fraîches émanant de la cour. Si on n'y prenait pas garde, l'odeur peu ragoûtante et tenace nous collait à la peau et aux habits. On avait un mal de chien à s'en débarrasser. Je réalise que chaque étape de ma vie est marquée par une odeur. C'était ça, pour moi, Issoire, tandis que la Normandie c'était le foin, la mer, les embruns, les vaches, les écuries, le beurre.

Je me rappelle une scène terrible survenue aux premières heures de notre nouvelle vie ; dans ce que l'on appellerait aujourd'hui « notre famille recomposée »... Il me plaît bien Hubert. Ma mère le sait. Elle le sent. Les choses doivent être bien claires dès le départ. Sans demander l'avis de son mari, elle réfléchit tout haut, en plantant ses yeux droit dans les miens : « Comment vas-tu l'appeler ? » J'ai bien ma petite idée mais je n'ose me lancer car ma mère n'a pas l'habitude de me demander mon avis. Méfiant, je compte un peu sur mon beau-père pour annoncer la couleur. Mon cœur s'emballe. Tout à ma joie d'avoir un confident que je devine attentif et attentionné, un être généreux qui se révélera un guide précieux, un père donc !, je reste figé. Je ne prononce pas le mot fatidique mais Madeleine lit dans mes pensées comme dans un livre ouvert ; elle que je n'avais jamais vue, pour ainsi dire, un livre à la main ! Comparée au séisme qui a secoué la maison ce jour-là, la Seconde Guerre mondiale fait figure de pétard mouillé. Furibarde, Madeleine me fusille du regard et s'exclame, coupant court à tout débat. « Tu l'appelleras Hubert ; Tonton Hubert, ce sera très bien ! »

La sentence, la censure devrais-je dire, est sans appel. Au garde-à-vous, Hubert n'a pas pu, pas su ou pas voulu taper du poing sur la table. Amoureux, certes, mais dépourvu de tout ego, il a vite compris que les ordres sont faits pour être exécutées et non discutés. Lui et moi, nous nous sommes retrouvés dans le même clan, celui de ceux qui obéissent et qui filent doux. Victimes d'un même bourreau ? Comme moi, il s'est laissé bousiller sans moufter. Si j'osais, je dirais même les choses plus crûment...

Mon beau-père a bien, à certains moments qui menaçaient de mal se terminer, essayé de s'interposer entre ma mère et moi pour me sauver la mise. Mais il ne faisait pas le poids devant cette maîtresse femme dont le gabarit n'avait pourtant rien d'intimidant. Une fois, une seule, je l'ai vu intervenir réellement. La jeune mariée avait probablement dépassé les bornes. Mais il a dû regretter de jouer les kamikazes. Il s'est vite retrouvé cul par-dessus tête. Mon espoir de le voir se rebeller s'est évanoui. Et avec lui, toute espérance de couler des jours heureux aussi ! Mon beau-père éprouvait une sorte d'admiration pour sa femme. De la reconnaissance peut-être ? Celle des gens simples et soumis qui croient ne pas avoir droit à un avenir et qui s'imaginent tout devoir à une rencontre. Ce n'est pas Madeleine qu'il aimait mais leur rencontre. Elle devait en jeter, elle venait de Paris.

Tonton Hubert m'aimait, c'est indéniable. Il l'avait du reste prouvé en me donnant son nom. La loi n'obligeait pas un homme qui épousait une mère de famille à reconnaître ses enfants. Je n'avais nulle envie de m'appeler Gérard Aumard ! J'aimais tellement le nom de ma grand-mère, Lenormand ! Et puis je ne souhaitais pas porter le patronyme d'un homme que je ne pouvais pas appeler papa. C'était incohérent au possible. Hubert était mon beau-père pour l'état civil, mais à la maison, il était mon oncle. Madeleine en avait décidé ainsi. Dès que j'ai pu, j'ai tout fait pour retrouver mon premier état civil.

J'ai grandi et ma mère a continué à me corriger. Hubert ne pouvait rien pour mon salut. Je pouvais voir voler une marmite à travers la pièce ; j'avais juste le temps de me protéger le visage, les coudes pointés en avant pour faire barrage à l'obstacle et amortir le choc. On n'imagine pas le nombre d'objets qui se transforment en armes pour peu que l'on sache y faire. Et quand elle voyait que j'anticipais et tentais d'esquiver les coups, elle redoublait d'ardeur. Un Noël, j'ai dû aller chanter à la messe de minuit passablement amoché, le nez complètement ouvert.

Mon beau-père n'était pas logé à meilleure enseigne. Alors, il s'est noyé dans le travail. Et son travail consistait à s'empoisonner chaque jour davantage. Usine d'aluminium. Poussière de titane. Cancer. Il faisait les trois-huit à lui tout seul.

L'installation du couple en Auvergne n'a pas arrangé les choses. La vie d'Hubert n'avait rien de folichon. Quand il avait une heure ou deux à tuer, il s'échinait dans le jardin parce que c'est quand même idiot d'acheter des pommes de terre au marché quand on peut les faire pousser soi-même. Trimer sans la ramener, voilà la belle existence qu'Hubert a menée auprès de sa femme. Ainsi a-t-il pu gâter Madeleine qui voulait la plus belle voiture pour épater la galerie. Écraser le voisinage. Si elle n'avait pas été bête, méchante à ruiner la terre entière, elle aurait compris qu'elle avait à ses côtés le mari idéal. Mais non ! Tout ce qu'elle savait faire, c'était reprocher aux autres d'être ce qu'ils étaient ou de ne pas être ce qu'ils n'étaient pas. Hubert était un chevalier servant, un être noble, un monsieur qui faisait bouillir la marmite sans jamais se plaindre. Il était prêt à donner sa chemise et surtout de l'amour. À sa femme et à moi aussi par la même occasion, il a tout donné jusqu'à sa peau. Mais la reconnaissance n'était pas au programme. Je crois que ce sentiment aussi est étranger à Madeleine. Je l'affirme sans hargne. Elle est passée à côté de sa vie. À trop s'aimer, je pense qu'on ne s'aime pas. Et, de fait, on n'aime pas les autres.

J'imagine qu'elle a cherché à se reconstituer en convolant en justes noces. L'existence lui a-t-elle offert ce dont elle l'avait d'abord privée ? Rien n'est moins sûr. On ne se marie pas toujours avec son grand amour, tout le monde le sait. On s'arrange avec la vie, avec les hommes et les femmes qui croisent notre route. Forcément, les événements nous façonnent et nous changent. Mais si on a connu des sentiments forts, sérieux et profonds, on ne peut pas en rester là. On cherche à savoir ce qu'est devenu son amour du temps jadis. Ouvertement ou dans le plus grand secret, mais on cherche ! Madeleine seule sait ce qui s'est passé entre elle et son beau soldat. Mais mesure-t-elle les conséquences de ses actes et de son mutisme ? Est-il possible de les ignorer totalement ? Est-il possible de laisser la chair de sa chair dans l'ignorance et dans le dénuement psychologique ? Quels maux excuseraient pareil comportement ?

J'ai détaché mes liens filiaux. J'ai rompu les amarres et pendant des années, cette séparation ô combien désirée m'a apporté, sinon bonheur, du moins paix et délivrance. Puis, les remords ou les regrets se sont mis à envahir mon esprit. Les questionnements se sont faits de plus en plus insistants. Pour devenir lancinants. Mon propre comportement commençait à me gêner. Je me l'étais juré : « Plus jamais je ne retournerai là-bas ! » Mais, au fond, cela me turlupinait. J'avais été délaissé, ignoré, méprisé par ma propre mère et voilà qu'à mon tour je lui faisais subir le même sort. Je n'ai jamais été animé d'un désir de vengeance. Il y avait donc quelque chose qui ne tournait pas rond. Mais quoi ? Était-ce la perspective de ne pas pouvoir échapper à la dure loi du genre : les agressés deviennent agresseurs, les abandonnés « abandonneurs ». Je refusais que le piège ne se referme sur moi.

Je pensais avoir trouvé mon équilibre et de nouveaux repères mais il y avait toujours cette ombre au tableau... de famille. Quel que soit le monstre qui t'a engendré, me disais-je, il porte un nom sacré : « Mère. » Et tu te dois de la respecter, ne serait-ce que par respect pour le ventre qui t'a porté et t'a donné la vie, ne serait-ce que par respect pour la « matrice ». Ma situation familiale était abracadabrante, certes, mais je devais faire le premier pas. J'avais besoin d'amour et Madeleine se trouvait sans doute dans la capacité d'en donner à cette époque puisqu'elle avait fondé une « vraie » famille avec son « vrai » mari à qui elle avait fait de

« vrais » enfants. Éric et Dominique étaient mes demi-frère et sœur et je n'allais certainement pas les aimer à demi !

Je les ai peu connus dans ma jeunesse car, à l'âge où j'aurais pu jouer mon rôle de grand frère, je me trouvais éloigné de la cellule familiale. Je peux même dire que je n'en faisais pas partie. Je regrette de n'avoir jamais pris le chemin des écoliers avec mon frère, si ce n'est dans la chanson que je chanterai bien plus tard, *Les Matins d'hiver*. Je menais donc ma vie de mon côté, du lundi au samedi, à la pension Saint-Paul à Issoire. Bien sûr, j'étais censé rentrer au bercail le dimanche, mais en bon élève indiscipliné, j'étais souvent collé ; je n'en faisais d'ailleurs pas une maladie, vu ce qui m'attendait à la maison !

Hors du cadre familial, à l'école, en pension ou ailleurs, l'ambiance était tout autre. J'étais un sacré boute-en-train. Je débordais d'énergie et dissipais forcément mes camarades. Les professeurs ne m'aimaient pas beaucoup. Je crois qu'ils étaient agacés de me voir faire le pitre à longueur de journée. Ils m'avaient surnommé Vive la Joie ! Mais dès qu'il s'agissait de participer à des activités artistiques et de trouver un élève créatif, ils savaient qu'ils pouvaient compter sur moi. C'est là que je me suis découvert une passion pour la mise en scène. J'étais capable de mimer tous les personnages, de donner à mes petits camarades toutes les indications pour illustrer chaque rôle. Mon étiquette de « titi parisien » faisait de moi un animateur privilégié et écouté. Quand le cardinal ou l'évêque venait nous rendre visite, qui désignait-on pour monter sur l'estrade ? Je disais les poésies comme personne et surtout je chantais... à m'en arracher l'âme !

Pour une première reprise de contact avec ma famille, j'ai d'abord souhaité me tourner vers Dominique et Éric. Je voulais savoir comment ils étaient traités par notre mère. Quand j'ai évoqué notre mère avec mon frère ; il m'a juste dit qu'il l'aimait à sa façon. Y a-t-il plusieurs façons d'aimer une maman ? Je ne le savais pas. M'y étais-je mal pris, alors ?

Quant à ma sœur, je la sentais engluée dans le drame permanent. Aux yeux de notre mère, elle ne valait rien. Madeleine a totalement été immunisée contre tout sentiment. Je dois me rendre à l'évidence puisqu'elle me saute aux yeux. Mon frère croyait avoir échappé à ça, être le mieux loti de la fratrie... c'est encore à voir. Mais je ne souhaite pas faire défiler les mesquineries et détails sordides à la Zola de notre belle famille... Épouser Hubert Aumard, lui donner deux enfants permettaient à Madeleine Lenormand d'acquérir un statut social. Ni plus ni moins. Dès lors, j'ai compris que je pouvais plaider non coupable même si, étant vecteur de honte, j'avais mérité un statut à part : celui d'encombrant.

Au fil des années, j'ai poursuivi la reconstruction du puzzle, mais il a fallu un certain temps avant que Madeleine ne franchisse le seuil de ma maison. Il fallait nous apprivoiser mutuellement. Faire connaissance. J'ai accepté qu'elle vienne chez moi mais sa visite était soumise à conditions. Ici, pas de gémissements, pas de maladie, pas de règlements de comptes et surtout tu parles gentiment à ton mari. Elle s'est pliée aux règles que j'avais édictées. Du coup, elle qui se plaignait toujours de tout n'était plus malade une fois chez moi. Hubert, lui, était souvent souffrant, mais on savait pourquoi : les poumons bouffés par les émanations chimiques.

Au fond de moi, j'en veux toujours un peu à ce beau-père aimant qui n'a pas su taper du poing sur la table, se faire respecter et me faire respecter. Il avait un beau rôle à jouer. Un rôle primordial : celui du père. Hubert aurait pu changer ma vie.

L'école est finie

J'ai toujours pensé que si ma mère avait lu, ouvrant son esprit, elle aurait ouvert son cœur, développé des sentiments ; elle et moi nous n'en serions pas là.

Devenu adulte – le serai-je jamais un jour ? – et père de famille, je n'ai imposé qu'une seule chose à mes enfants. Une seule ! « Lisez ! Lisez tout et n'importe quoi, mais lisez ! »

Lire, c'est fascinant. Exaltant. Quels que soient nos choix, nos goûts et nos aptitudes, nous avons toujours quelque chose à apprendre de la lecture. C'est une mère nourricière. Lire amène à lire davantage. Bien sûr, les manuels scolaires ne donnent pas forcément envie de plonger dans les textes proposés, mais il faut persévérer et se laisser entraîner : ils nous mèneront tout droit au plaisir de la découverte et à la culture, si modeste soit-elle. J'en sais quelque chose, j'ai lu sur le tard car il n'y avait pas de livre à la maison si ce n'est *La Marquise des anges,* peut-être ?

Je ne m'attendais donc pas à ce que ma mère débatte avec moi ou un membre de la famille de l'utilité de me faire poursuivre des études. Madeleine n'avait que faire que son fils se cultive. Pour quoi faire, grands dieux ! Pour traîner dans ses jambes quelques années de plus ? Ni elle ni moi ne le souhaitions. Pour moi, l'école est donc finie à quatorze ans. Direction le centre d'apprentissage ! Je décroche mon CAP de tourneur. Ah ! elles étaient belles, les pièces que je fabriquais. Elles illuminaient l'atelier, mais on les comptait sur les doigts d'une main ; de vrais « collectors ». J'ai traîné mes guêtres en usine. Sans broncher. C'est là que j'ai eu la chance de croiser le chemin d'un camarade qui lisait. Rémi se cultivait et, par la même occasion, me cultivait. Ce garçon râblé qui interprétait les standards de Luis Mariano rêvait de devenir chanteur.

Rémi me passait des bouquins. Je ne choisissais pas ; j'avalais les ouvrages qu'il voulait bien me prêter. Cette mini bibliothèque servie sur un plateau était éclectique. Je dévorais *Les Carnets du major Thompson* de Pierre Daninos puis, sans transition, j'attaquais *Les Mains sales* de Sartre et je me plongeais, dans la foulée, dans l'univers singulier de Montherlant. Rémi lisait en général des ouvrages plutôt ardus, mais je m'accrochais et je faisais feu de tout bois, trop avide de connaissances pour ergoter. Nous avions, mon camarade et moi, très peu d'échanges et je le regrette. C'était un garçon un peu spécial, plutôt maladroit et très bourru. Il n'était pas « ben causant », comme on disait chez nous. Mais je ne valais guère mieux ; les Normands ne sont peut-être pas les plus doués pour le bavardage. De plus, n'ayant jamais tissé de liens amicaux dans mon enfance, je n'avais pas le mode d'emploi. Ni confident, ni complice, ni meilleur ami avec qui partager mes rêves ou faire les quatre cents coups. Et pourtant, j'en ai rêvé d'avoir des copains ! Je ne savais pas engager la conversation avec mon mentor mais, apparemment, mon extrême discrétion lui convenait.

Introverti mais hypersensible, peut-être avait-il deviné qu'il pouvait m'aider à vivre en m'initiant, à sa manière et avec les moyens du bord, à la lecture ? Rémi avait vu juste. Mal dans sa peau lui aussi, nous étions, chacun dans notre genre, des écorchés vifs.

Entre Montherlant et ma mère, il y avait de quoi sombrer dans la misogynie ! Mais non, j'ai toujours aimé les femmes. Depuis mon plus jeune âge, elles ont habité mes songes et je rêve aujourd'hui encore que la terre est peuplée de femmes uniquement. Enfant, ma cousine Jeanine avait mis le feu en moi. J'étais amoureux transi et... précoce. Je fantasmais comme un fou. C'était ma pin-up, ma Betty Boop à moi ! J'étais petit... elle jouait dans la cour des grands, et ils ne s'en plaignaient pas. Les vacances avec elle, même sur les plages de Ranoville, étaient quasi tropicales. J'étais fier de ses succès, de sa libéralité. C'était une femme d'aujourd'hui. Elle m'aimait bien. Moi, beaucoup plus ! C'était une fille bien, pétillante et sur laquelle on pouvait compter. Ma cousine était faite pour danser, pour sourire, pour la fête. Elle me fait penser à ma femme, Marie... Jeanine était une inconditionnelle d'Aznavour ; c'est elle qui m'a fait découvrir ce fabuleux artiste qu'elle défendait bec et ongles car il était très malmené à l'époque.

À quinze ans, seize ans peut-être, j'ai atteint ma taille d'adulte et un jour, à mon propre étonnement, dans un réflexe inhabituel, j'ai pu arrêter la main de ma mère dans la gifle qui venait vers moi. J'ai saisi inconsciemment son bras et je me suis rendu compte que je pouvais la toiser comme elle l'avait si souvent fait. Le rapport de forces s'était brusquement inversé. À mon insu. J'étais devenu grand et fort ; elle était devenue fragile. Ce jour-là, dans l'absolu silence qui a suivi, nous nous sommes dit beaucoup de choses. Tout, sans doute.

Je commençais à gagner mon autonomie. Et Toni Garlaski, l'un de mes voisins d'origine polonaise, y était pour beaucoup. Musicien, il jouait de la guitare et fabriquait lui-même ses instruments ; j'aimais bien aller chez lui. J'étais attiré comme un aimant par la musique même si, dans ce domaine, mon inculture était affligeante. Heureusement, j'étais une vraie éponge ; j'absorbais tout. Pas une musique que j'aie entendue qui ne m'ait échappé.

Toni Garlaski et Jean Gatignolle, coiffeur à Issoire, avaient monté un orchestre. Leur petite entreprise ne connaissait pas la crise jusqu'au jour où, panique à bord, le groupe perd son chanteur à la veille d'un gala. Pour continuer à assurer les bals de la région, Toni se met en quête d'un remplaçant.

« Dis donc, j'ai remarqué que tu as de la feuille. Je sais que tu aimes bien chanter. Ça te dirait d'apprendre quelques chansons ? » Et comment ! Je n'attendais que ça ! J'apprends dare-dare *Daniela* puis j'ingurgite en deux temps trois mouvements tous les standards de l'époque. À quinze ans, je décroche mon premier contrat d'artiste. Le grand soir venu, j'ai l'impression d'avoir entrepris un long périple ô combien dépaysant ; d'une certaine façon, ça l'était. Je me produis tout de même à trois kilomètres de chez moi ! Je me souviendrai toute ma vie de mon passage à Perrier. C'était d'un plouc ! La scène, minable, offrait le confort d'une charrette. Et pourtant, sur l'estrade de fortune, j'existais. J'avais une identité. Et pas n'importe laquelle : Jerry Wells, ça en jetait ! Pourquoi ce pseudonyme ? Pour ne plus rien avoir à faire avec Lenormand ? Pour faire branché, même si ce mot n'existait pas encore ? Pour faire un peu amerloque ? Jerry rappelait un peu Gérard. Quant à Wells, c'était pour Orson Welles. J'y fais référence aujourd'hui mais à quinze ans, je n'avais pas encore de culture cinématographique ni de culture du tout. Ça sonnait bien. C'est tout.

Visiblement enchantés de ma prestation et surtout soulagés d'avoir pu reformer leur trio qui écumait avec succès le département, les deux compères ne m'ont plus lâché. Très vite, ils m'ont rétribué. Je vous laisse deviner qui raflait mes premiers sous ! Mais après le fameux épisode du blocage du bras, mes cachets sont tout naturellement tombés dans mon escarcelle. À partir de là, la météo s'est montrée plus clémente à Issoire ; il pleuvait moins de coups.

Ma première grande chance musicale, je la dois à Guy Portex, un voisin qui habitait à quelques pas de chez nous. En me repérant, Guy m'a fait basculer dans la musique avec un grand *M*. C'est le garçon qui m'a le plus appris en quelques mois. Je suis passé de la variété française au jazz. Il ne m'a pas seulement fait découvrir le jazz pépère comme le blues ou le ragtime mais il m'a fait connaître le jazz moderne. Guy m'a initié à cette musique en un temps record. Ornette Coleman, Charlie Parker, Dizzy Gillespie, les Jazz Messengers, Miles Davis, Thelonious Monk, Gerry Mulligan, qui m'étaient jusqu'alors inconnus ! La découverte fut phénoménale. J'ai plongé avec délice dans cet univers et j'ai aussitôt composé des thèmes dans le même esprit que Mulligan, toutes proportions gardées ! Des pointures locales m'ont tout de même fait l'honneur de les jouer au jazz-club de Clermont-Ferrand. Grâce à lui, je me suis enrichi les oreilles et l'âme. Il m'a fait comprendre que j'avais la capacité à écrire autre chose que des chansons. Guy Portex a été pour moi une sorte de précepteur musical ; il m'a mis le pied à l'étrier en me faisant entrer à Clermont dans l'orchestre de Lucien Givor, considéré à l'époque comme le meilleur de la région. J'aimais beaucoup son frère, Tado Givor, qui était un gentil garçon. Il se comportait comme un grand frère avec moi ; il me protégeait et me facilitait la tâche. Tout ce qui m'incombait au sein de l'orchestre, c'était lui qui le prenait en charge. Cela m'a toujours enquiquiné de déballer, monter, démonter et remonter le matériel. C'est pourtant la première qualité que l'on exige d'un musicien de bal. Moi, je n'ai jamais touché mon propre matériel. Quel veinard !

C'est là que j'ai fait la connaissance de Louis Dubessay, un autodidacte de la musique. Un surdoué qui lui-même m'a présenté un autre surdoué, Jean-Jacques. Jean-Jacques était un sacré batteur car il avait une connaissance du jazz absolument faramineuse. Incollable ! Même s'il ne possédait pas une technique extraordinaire, il était toujours dans le ton parce qu'il ne « jouait » pas le jazz, il « vivait » le jazz. D'une manière profonde et viscérale. Jean-Jacques a été l'initiateur de l'une des plus belles mélodies que j'ai composées pour mettre en musique le poème d'un auteur noir new-yorkais. Le texte est resté gravé dans ma mémoire :

Quinze ans,
Et la vie comme une promesse,
Un royaume inconnu,
Dans le pays,
Où les maisons touchent le ciel,
Mais où le cœur n'est pas touché,
Dans ce pays où l'on pose la main sur la Bible,
Mais où la Bible n'est pas ouverte.

Jean-Jacques m'a appris beaucoup, à bien des égards ; c'est grâce à lui que j'apprécie et pratique un humour un peu caustique, que j'ai abordé et apprivoisé les femmes et, bien sûr, commencé à jouer avec les sonorités.

Toutes ces rencontres successives m'ont tiré vers le haut. Je suis bien conscient de ma chance d'avoir croisé sur ma route ces garçons formidables. J'avais quatorze ans. J'étais passé à la vitesse supérieure.

Ma nouvelle vie était réglée comme du papier à musique – c'est le cas de le dire ! Moins vaine. Moins triste. Je me rendais tous les jours à l'usine et le samedi soir, je chantais. Mes origines sociales m'avaient tout naturellement conduit à devenir syndicaliste. Mais ma ferveur n'a pas tenu plus de trois mois ; je me suis aperçu que mon patron n'était pas forcément un voyou qu'il fallait attendre au coin de la rue, matraque à la main. Revendiquer, c'est bien mais il faut tout de même une certaine cohérence et une éthique. Je ne savais pas grand-chose de la vie ni du monde du travail à cet âge-là, mais je n'étais pas dupe de certaines aberrations. J'ai toujours mal supporté le côté « planqué » de certains de mes camarades syndiqués. Plus âgés et plus expérimentés que moi, ils m'invectivaient dès que je tentais d'ouvrir le débat : « Toi, le gamin, t'es bien jeune, alors ferme-la ! »

J'ai obtempéré. J'avais mieux à faire, de toute façon. Chanter m'apportait tellement plus de joie ! Le soleil avait beau illuminer mes fins de semaines, je ne perdais pas de vue la nécessité de décamper du domicile familial. Je voyais bien que j'étais socialement attardé ; je n'avais jamais pris un train ni un métro tout seul. Je ne savais rien faire ni quelle décision prendre et encore moins me comporter d'une manière adéquate selon les circonstances. En plus, cela ne m'intéressait pas. Comme on dit à la campagne, je n'étais pas bien dégrossi. Mais, paradoxalement, je ne craignais pas de me jeter à corps perdu dans ce que j'imaginais être la vraie vie. Celle que les autres avaient la chance de pouvoir mener.

De quoi aurais-je eu peur ? D'être libéré ? Délivré de ce carcan ? Aucun danger ! Les dix-neuf premières années de mon existence, j'ai été totalement décervelé. Que pouvais-je faire pour y remédier ? Attendre ? C'est une seconde nature, chez moi. À l'époque, pour tirer ma révérence en toute légalité, il fallait atteindre vingt et un ans, l'âge de la majorité. Je guettais. Je me languissais. Sans jamais commettre le moindre faux pas. Je savais à qui j'avais affaire ; ma mère aurait pu se plaindre aux représentants de la maréchaussée, arguer que je la maltraitais, qui sait ? Si elle avait déboulé chez les gendarmes en inventant je ne sais quel mensonge, je me serais retrouvé coincé.

Donc j'avais cette sagesse. J'attendais. Depuis ma plus tendre enfance, je n'ai fait que ça, attendre. Je n'étais plus à deux ans près.

Quelqu'un là-haut a-t-il eu pitié de mon sort ? Très probablement puisqu'un sérieux coup d'accélérateur fut l'année de mes dix-neuf ans ! J'ai pu prendre mon envol, comme on dit. Tardif, je vous l'accorde. Mais inespéré, vous en conviendrez.

J'étais ignare, certes, mais cependant hypersensible et parfaitement conscient des dégâts irréversibles que l'on m'avait causés : on avait détruit la période de ma vie où j'étais le plus riche. C'est sans doute pour cela que je suis resté longtemps accroché au monde de l'enfance, de l'innocence. Et je le suis encore un peu... beaucoup. Trop, peut-être ?

C'est à cette époque que j'ai eu *le* choc de ma vie. Je venais de découvrir Ray Charles. La seule idole que j'aie jamais eue. Je le considérais comme mon modèle parce que Ray Charles n'était pas un faiseur. Chanter, c'était sa vie, son sang, son oxygène, sa drogue. Je pense qu'il aurait pu abandonner la drogue – la vraie – pour ne pas cesser d'être ce fabuleux auteur et chanteur. Il aurait pu s'extirper de cet enfer si on lui avait mis le marché en main : « Si tu arrêtes la dope, tu pourras continuer à chanter. Si tu continues à prendre de la dope, tu ne pourras plus chanter. »

Il était dedans jusqu'au cou et à cause de cette dépendance il a bien failli être rejeté par sa famille et sa maison de disques. Je le vénérais à tel point que, plus tard, lorsque j'aurais pu le rencontrer, je ne le souhaitais plus ; il n'était plus le même homme. C'était fini. J'ai toujours su protéger mes rêves. Est-ce un défaut ou une qualité de vouloir garder le bonheur intact ? Est-ce un signe d'égoïsme d'offrir à l'artiste l'éternité dans votre cœur quand le moment vous semble venu ?

Apprécier le jazz et ses stars venues d'outre-Atlantique ne m'empêchait pas de rester fidèle à mes chanteurs français préférés. Quand j'étais petit, Piaf me fichait un peu la trouille avec son physique d'oiseau. Mais j'avais la chair de poule quand je l'entendais interpréter *L'Hymne à l'amour*. Tino Rossi, lui aussi, a bercé mon enfance. Je me rappelle un endroit magique à Pigalle où je pouvais écouter plein de disques sans être contraint d'en acheter un seul. J'adorais ça. Mais le chanteur qui m'a le plus impressionné – et il continue ! – c'est Henri Salvador. À ses débuts, il se produisait avec l'orchestre de Ray Ventura. Quelle voix, quelles harmonies ! C'est un sacré musicien ! Il chantait trois notes et faisait quatorze accords pour arriver à la dernière note. J'ai perçu cela tout petit. Il a toujours composé des chansons dites « légères » au sens « facile » du terme. En apparence ! Mais on sait combien elles aiment être trompeuses. *À la mi-août*, pour ne citer que celle-là, est un véritable joyau, une chanson pas sérieuse sérieusement aboutie au plan musical. D'autres, empreintes de poésie, ont fait le tour du monde, comme *La Chanson douce* ou *Syracuse* – écrite avec Bernard Dimey. Quant au *Blouse du dentiste*, dont les textes sont signés Boris Vian, c'est une merveille du genre !

À mon sens, Salvador a été le premier rocker. C'est un super créateur et moi, qui n'emploie pas souvent le mot, j'affirme que cet homme-là est un génie ! Henri s'est vu décerner une victoire de la musique. Il était grand temps car généralement, dans notre pays, c'est une fois morts que les artistes sont reconnus, encensés ! C'est ce qui s'est produit pour Pierre Delanoë et pour bien d'autres encore.

Dois-je à ces artistes hors pair l'inspiration et le goût de la musique ? J'aime à croire qu'ils y sont pour quelque chose ! Les jeunes musiciens que je venais de croiser aussi m'avaient galvanisé ; ils semblaient touchés par ce que je faisais. J'ai d'abord rêvé d'écrire, de composer. Le rêve m'a toujours permis de rester debout. J'ai commencé par imaginer des morceaux dans ma tête. J'adorais les *Ave Maria*, alors j'ai tenté de composer le mien. Je me suis mis à la guitare. Je n'ai jamais sérieusement appris mais comme j'étais vraiment doué, je me suis endormi sur mes lauriers. J'étais un touche-à-tout, avide d'expériences, timide et particulièrement paresseux.

À ce stade de ma petite vie, je me contentais de tourner dans les bals. Je chantais, je dansais le twist sur scène. Tout le monde alentour venait applaudir Jerry Wells. Moi, le romantique, quand j'envoyais *Let's twist again*, ça déménageait.

Johnny n'avait qu'à bien se tenir ! J'ai pourtant toujours été un piètre danseur ! Mais après tout, quand on y croit...

Tous les organisateurs du coin me réclamaient. Très vite, j'ai été le musicien le mieux payé de la région Centre. Ils avaient tellement peur que je fiche le camp ailleurs. J'interprétais des standards espagnols, anglais. Je n'ai jamais parlé un traître mot d'espagnol ni d'anglais mais pour m'arrêter dans ma lancée, il en aurait fallu plus que ça ! Je donnais ma paie de tourneur à ma mère mais je gardais les sous des « baloches » pour moi.

Au mois d'août 1963, je passe le permis de conduire. Il n'était pas question de ne pas avoir, dans mon portefeuille, ce papier rose, précieux passeport pour la liberté. Et, avec mes cachets, j'achète ma première voiture. Une rutilante 4 CV d'occasion pour cinq cents francs !

Ma première escapade, à bord de ma superbe auto, fut pour ma grand-mère. Tous mes liens affectifs étaient restés en Normandie. Je connaissais tout le monde là-bas. Il n'y avait pas une rue du village qui ne me rappelât pas un souvenir, un bon souvenir... J'avais envie de partager mon bonheur tout neuf avec elle. Je gagnais de l'argent, en faisant ce qui me plaisait. Je voulais le lui dire, le lui montrer. Cette femme qui avait trimé toute sa vie méritait bien que je la gâte. Et c'est ce que j'ai tenté de faire. J'ai enfourné dans mon petit coffre une batterie de cuisine dernier cri. Un vrai représentant en électroménager ! Cafetière, mixeur, robot, etc. C'était ma façon à moi de lui dire tout mon amour. Et c'était plus facile pour moi de dévaliser les magasins que de dire je t'aime.

J'étais tellement heureux de jouer les Pères Noël. Franchement, je ne peux pas affirmer qu'elle aurait apprécié ce trop-plein de cadeaux. Je ne le saurai jamais car ma grand-mère n'aura pas l'occasion de tester ses nouveaux ustensiles ni même de me gronder pour avoir gaspillé mes sous.

Je venais tout juste de terminer un bal. J'étais excité à l'idée de prendre le volant le lendemain matin. Impatient de la serrer dans mes bras. Impossible de fermer l'œil. J'étais une nuée de libellules à moi tout seul. N'en pouvant plus, je me suis levé, direction la Normandie !

Jamais je n'avais entendu le moindre conseil de prudence de la part d'un père – et pour cause ! – ni d'une mère. Et puis, à cet âge, je me sentais invincible. Cela faisait trois jours que j'étais sous pression sans vraiment faire de vraies nuits réparatrices. Après Montluçon, la route, bordée de platanes, était en ligne droite. Aucun risque. Du moins, le croyais-je. Mais le coup de pompe se faisant de plus en plus insistant, je me suis retrouvé nez à nez avec un poids lourd qui transportait des poteaux électriques ! J'imagine la panique du chauffeur. Que pouvait-il faire pour éviter la collision ? Absolument rien ! Je me suis littéralement jeté sous ses roues.

Ce fut l'accident et ce fut la certitude d'une protection supérieure. La grâce de Dieu.

Quand j'ai pu voir les photos de l'épave, j'ai été ahuri par la violence de la percussion. Ce qui m'a sauvé, c'est de m'être endormi. Quand on est une chiffe molle, on n'appréhende pas l'accident. On ne « prend » pas le choc de plein fouet, on le suit, on l'accompagne. Aucun hôpital de la région ne pouvait m'accueillir et pourtant, il y avait urgence. Tous les établissements alentour étaient bondés. Il ne fait pas bon chercher un lit dans un centre hospitalier en plein mois d'août ! J'ai finalement été orienté vers la clinique Saint-Antoine à Montluçon. Je me trouvais dans un piteux état ; j'avais tout de même pris un camion de plein fouet !

Les lésions multiples étaient sévères. J'étais défiguré et on ne comptait plus les cicatrices qui lacéraient et martyrisaient mon corps : le bras gauche bousillé, le visage tuméfié, le nez explosé – ça se voit toujours un peu –, un poumon embroché et un œil dont personne ne donnait cher.

Des hommes comme le professeur Judé ont considérablement fait évoluer cette science, mais à l'époque, les opérations chirurgicales sophistiquées et délicates n'étaient pas monnaie courante, sauf peut-être à Garches où les accidentés de la route les plus grièvement blessés étaient dirigés. Je suis peut-être tombé sur le seul médecin en France capable de me sortir de là. Je me suis retrouvé, bien malgré moi, au bon endroit, au bon moment, avec la bonne personne. J'étais le chouchou de la clinique. Et du patron ! Quelle douceur ! Quelle prestance ! Comme j'aurais aimé avoir un père de cette classe !

Les infirmières qui me bichonnaient m'ont raconté, bien après, pourquoi j'avais bénéficié de tant d'attentions. « Le docteur Dessus avait aperçu, dans vos affaires extraites du véhicule, les affiches qui annonçaient les concerts de Jerry Wells et il a aussitôt fait un transfert. Vous ressemblez tellement à son fils, parti se battre en Algérie ! Il vous a opéré pendant trois heures et demie sans relâche ; il voulait vous sauver à tout prix. Vous l'avez énormément touché. »

À la maison, les réactions étaient moins passionnelles. Le drame a quand même sensibilisé Madeleine. Mais là encore, je la soupçonne de s'être servie de mon accident pour attirer l'œil sur elle et se faire plaindre. C'est toujours elle la victime. Je pense même qu'elle était capable de pleurer si besoin était. L'important, c'est la démonstration. Mais que reste-t-il des larmes ? Je connais la réponse. Dès la troisième visite, elle a cessé de s'inquiéter. J'étais tiré d'affaire après tout. Il n'y avait plus aucune raison de s'apitoyer sur mon sort. Je ne pense pas qu'elle ait jamais eu peur de me perdre.

Il m'a fallu un certain temps pour réaliser la chance que j'ai eue de croiser ce médecin sur mon chemin. Sans lui, je pense que cet accident m'aurait laissé de graves séquelles, irréversibles très probablement. Je reste persuadé que mon bras n'aurait pas été sauvé si j'avais été soigné ailleurs, dans n'importe quel hôpital. Je dois une fière chandelle à cet as du bistouri. Plus de quarante ans après, je pense souvent à mon sauveur et à ce que je lui dois. J'aurais aimé lui faire un petit signe, lui écrire un mot. Lui dire merci, tout simplement. Je ne l'ai pas fait. J'en éprouve du regret. Cette force d'inertie qui me paralyse quand je souhaite aller vers les autres est insurmontable, insupportable.

J'aurais aimé lui dire que cet accident a été le premier miracle de mon existence, la première ouverture sur le monde. Je pouvais enfin ouvrir les yeux, parler, entendre, échanger, dire des conneries, rire... improviser ma vie ! Tout devenait possible. Ou presque.

Les années sandwichs

J'ai décidé d'être heureux
parce que c'est bon pour la santé.

VOLTAIRE

Pendant une longue année de convalescence, je tente de me refaçonner. Entièrement plâtré, une vraie momie ! Je suis un survivant mais le miracle ne réside pas dans le fait que je sois en vie. Cette catastrophe a bouleversé mon destin dans le bon sens du terme. Paradoxalement, l'accident vient de me sauver la peau ! J'ai été cassé en mille morceaux mais, de fait, ma situation de rescapé de la route a fait voler en éclats les silences, les brimades, les frustrations, les interdits et tout ce qui me rattachait à ma famille. Deux ans avant la sacro-sainte majorité, je peux donc prendre le large.

Quand j'ai quitté la maison, c'était pour toujours. En mon for intérieur, je martelais ces mots : « Plus jamais ça ! Plus jamais ! » Plus qu'un leitmotiv, c'était une promesse que je me faisais à moi-même. J'en étais venu à ne plus me reconnaître aucun lien de parenté avec personne. Je ne pourrai jamais, pensais-je alors, me sentir aussi seul que je l'ai été chez moi. Je n'avais pas besoin d'une famille. J'aurais aimé, bien sûr, mais j'étais prêt à m'en passer. J'étais prêt à me bétonner pour vivre sans. La famille, c'était mon paradis perdu, une chose à laquelle je n'aurais jamais droit.

Si mon exil était placé sous les meilleurs auspices, je ne voyais pas, en revanche, comment il allait pouvoir s'orchestrer concrètement. Louis Dubessay, dit Loulou, que j'avais rencontré en même temps que Jean-Jacques, le batteur, m'a fait un petit signe à point nommé.

Un jour, il me téléphone de Suisse pour prendre de mes nouvelles, puis, sans transition, il me propose de le rejoindre. Loulou venait d'être engagé au Club Méditerranée. J'étais tout juste remis de mes blessures mais suffisamment motivé pour faire mon baluchon. Il est des trains dans lesquels il faut savoir monter. C'est peu dire que je suis parti ventre à terre.

Sur place, je suis accueilli à bras ouverts par Gilbert Héron, le responsable du village. À ma grande surprise, je constate non seulement que les échanges entre humains sont possibles, mais que la bienveillance, l'estime et le respect mutuels n'ont rien d'exceptionnel. Une sacrée révélation. J'entretenais des relations idéales avec tout le monde et cela me paraissait étrange bien que doux et plaisant. Je dois dire que j'étais un peu le chouchou de l'équipe et le protégé des musiciens. À dix-neuf ans, je devais leur paraître bien minot ! Je n'étais pas encore né, d'une certaine façon.

Décidément, la roue semblait tourner. Atterrir en Suisse était une aubaine. J'ai depuis gardé une affection particulière pour ce pays. J'ai pris le temps par la suite de mieux découvrir ces paysages qui représentent pour moi la pureté, la propreté, l'espace et, surtout, la liberté. En particulier le petit coin du val d'Anniviers, qui reste pour moi un domaine unique et préservé.

Pendant deux ou trois hivers successifs, j'ai donc chanté et appris mon métier au Club de Leysin. Les médias ne m'avaient pas encore baptisé « le petit prince de la chanson » – et pour cause, personne ne me connaissait ! – mais je menais une vie princière. Je ne suis jamais passé par la case gentil organisateur. Le Club Med a, d'entrée de jeu, accepté que je me produise en tant que chanteur. J'ai pris conscience, après coup, que je faisais figure de privilégié ; les GO étaient multitâches, comme au cabaret l'Alcazar, ils assuraient d'abord le service puis devenaient danseurs, chanteurs, etc. J'empruntais l'itinéraire d'un enfant gâté. En fait, le Club Med a été ma première récré.

C'est là, par exemple, que j'ai célébré mon anniversaire pour la première fois. C'était au Chamois, le bar du Club Med de Leysin. Mes dix-neuf ans ont été inoubliables. Je peux même affirmer que cela a été l'anniversaire le plus fou et le plus joyeux que j'aie jamais connu. Chez moi, j'étais entouré d'une certaine affection – ma grand-mère et mes tantes veillaient à pallier les carences maternelles – mais les anniversaires, il ne fallait pas trop y penser. Sincèrement, j'en prends conscience aujourd'hui, je ne me souviens pas de réjouissances organisées spécialement pour l'occasion ni même de cadeaux. Ce jour-là ne tombait pas forcément un dimanche et, si tel avait été le cas, aurait-on pris la peine de prévoir une petite fête ? Je me trouvais sans doute en pension ou à l'école et ce ne sont pas des endroits festifs par excellence. Et de toute façon, la date de ma naissance ne pouvait réveiller que de mauvais souvenirs. À partir du moment où j'ai tourné le dos à ces années sombres de ma vie, j'ai pu vivre des moments sereins et enrichissants. Pourtant, je ne roulais pas sur l'or : j'étais payé six cents francs suisses par mois et, à l'époque, le franc suisse valait moins que le franc français.

La vie au Club est déjà fascinante pour un type « normal ». Mais moi, je n'étais pas un type « normal ». La lucidité me faisait cruellement défaut. L'expérience aussi. J'étais tout neuf, d'une naïveté inconcevable. Après l'enfer, je me disais que j'avais été parachuté directement au paradis, j'étais persuadé de bénéficier d'une protection. Et cela se vérifiait de jour en jour. Bien sûr, j'étais conscient que mon esprit, laissé en jachère toutes ces années, commençait à s'ouvrir, à se former, à se construire. J'étais en quelque sorte en travaux. Mais tout restait à faire, les fondations n'ayant jamais été posées. Ce désordre est l'une de mes dramatiques constantes. J'entamais un apprentissage tardif de la vie en communauté, de la vie tout court. Cette initiation phénoménale aux plaisirs simples de l'existence était sans doute grisante, mais avec le recul, je peux dire que je n'ai pas su en profiter. On peut difficilement être, à la fois, acteur et spectateur. J'ai porté ma camisole pendant tant d'années ! Il n'y a pas si longtemps que j'ai pu m'en défaire. Et encore, pas tout à fait. Dans de nombreux domaines, j'étais freiné. L'amitié, par exemple, était une chose dont je me méfiais terriblement. Croire mes semblables sur parole relevait de l'exploit, accorder ma confiance à autrui et me confier sans craintes ni arrière-pensées étaient tout simplement impossibles. Mes réticences enracinées depuis trop longtemps condamnaient à l'avance toute relation. Quand on a manqué de tendresse et que l'on revendique le droit à l'affection, le jour où elle se présente, on fonce. Eh bien moi, non !

Quant à l'amour, c'était simple : ce n'était même pas envisageable. J'étais tellement mal dans ma peau ! Tout ce qui touchait de près ou de loin aux sentiments entraînait un blocage immédiat, très difficile à vaincre. Mes rares tentatives pour obtenir et donner de l'affection se soldaient par des échecs ; j'avançais d'un demi-pas et je reculais aussitôt de cent vingt mètres. Pire que le tango acrobatique. À ce rythme-là, je n'étais pas rendu.

La dernière saison au Club, Catherine déboule dans ma vie. Quel séisme ! Ce n'était pas une jeune fille ordinaire. C'était une vraie femme. De quinze ans mon aînée, elle était craquante, joyeuse et cultivée. Les peintres de Montparnasse, elle connaissait. Les existentialistes de Saint-Germain-des-Prés, elle connaissait. Catherine connaissait tant de choses ! Elle n'étalait pas sa culture de peur de me rabaisser ou de m'humilier ; elle la distillait à bon escient. Et je sentais confusément qu'au-delà de notre passion foudroyante, nous allions partager bien plus encore. Catherine m'a été d'un immense secours dans mes rapports avec autrui. Sortant d'un univers où le mutisme était légion, je trouvais compliqué de communiquer avec qui que ce soit. Mon handicap était lourd et Catherine a su m'apprivoiser et me donner quelques clés pour mieux appréhender la vie en société. Cette femme me fascinait car elle possédait une force de caractère qui cohabitait avec une espèce de fragilité ; ce qui est rare. Elle assumait parfaitement ses deux facettes qui pouvaient paraître antinomiques. Elle avait une fraîcheur, une spontanéité que l'on trouve seulement chez les enfants. Toutes les femmes dont j'ai été amoureux, à de très rares exceptions près, sont restées très proches de leur enfance. C'était sans doute rassurant pour moi d'avoir une amie qui n'avait pas coupé les ponts avec cette période décisive qui nous construit et nous façonne tous. Une femme qui n'était pas engluée dans la réalité que moi-même je m'ingéniais à fuir. C'était aussi la garantie que l'être aimé était capable de rêver et de trouver sa place dans mon monde imaginaire. C'était à peu près tout ce que j'avais à offrir ! Ainsi, Catherine et moi pouvions-nous entreprendre les plus beaux et les plus lointains voyages, ceux que l'on fait avec l'esprit.

J'aimais la légèreté dont elle savait faire preuve. Et j'admirais sa profondeur. Mais ce que j'aimais par-dessus tout, c'était qu'elle croyait en moi. À ses yeux, je n'étais pas rien. J'avais du potentiel. Ça, on ne me l'avait jamais dit et j'ai mis du temps à le comprendre. À croire que toute ma vie, j'aurai un métro de retard. Ce que j'ai perçu tout de suite, en revanche, c'est qu'elle était raide dingue de moi. Cette femme m'a aimé d'un amour véritable et sincère. Je l'ai compris bien après car, à l'époque, je ne mesurais pas l'intensité de son amour.

Nous étions prêts à exploser à chaque seconde, flirtant avec le danger. L'ambiance permissive et débridée du Club Med encourageait à repousser toutes les limites. J'étais jeune, fougueux, pas prêt à souffrir encore. Trop fragile. Il est des jeux cruels en amour auxquels Catherine et moi aurions dû jouer avec circonspection. Mais les femmes aiment jouer avec le feu. Elles y excellent. Je ne suis pas d'un naturel jaloux sauf si l'on m'y pousse. C'était la seule petite ombre qui planait entre nous, même si tout cela n'était qu'un jeu. Mais comment Catherine aurait-elle pu sonder mon âme meurtrie ? Il faut dire que je trimbalais de sacrées casseroles. Et je mettais un point d'honneur à ne laisser rien paraître. Je n'étais pas du genre à raconter ma vie. Ni aux inconnus ni même à celle qui partageait mon existence. Me livrer est un exercice que je pratique depuis peu, et toujours avec difficulté.

Au Club Med, dès les premiers jours, j'ai bénéficié d'une grande indépendance. Les GO devaient généralement partager la même pièce à plusieurs. Gilbert, le chef du village, m'avait attribué une chambre personnelle. Je jouissais d'une de ces vues sur les Alpes ! Il faut dire que Gilbert Trigano savait sélectionner les endroits de rêve pour y implanter ses « villages ». Il rachetait et réhabilitait des anciens sanatoriums, généralement entourés de parcs immenses et somptueux. On peut imaginer l'émerveillement du petit provincial débarquant d'Issoire dans ces lieux prestigieux. Le trajet pour y arriver faisait aussi partie de l'épopée : Issoire-Clermont-Ferrand, Clermont-Ferrand-Genève, Genève-Lausanne, Lausanne-Aigle. Mon angoisse, c'était de manquer mes correspondances. J'étais tellement rêveur ; j'avais la hantise de ne pas descendre à la bonne gare. Heureusement, à destination, le comité d'accueil du club de Leysin était là pour me prendre en charge.

Je n'étais pas peu fier de pouvoir héberger Catherine dans ce cadre de rêve. Puis nous sommes rentrés ensemble à Paris. Et, à son tour, c'est elle qui m'a hébergé. Cela paraît toujours futile et mesquin d'évoquer les contingences du quotidien, mais sans Catherine à mes côtés, je n'aurais pas pu accéder si facilement à ce que cette période m'a apporté. C'est une époque où je comptais mes salaires en nombre de sandwichs possibles et ça ne me permettait certainement pas de jouer les princes charmants ! Elle m'a encouragé. Aidé financièrement et psychologiquement. Elle m'a soutenu sans limites. Catherine, en m'emmenant dans ses bagages, a joué le rôle de Pygmalion.

Si Madeleine était restée vivre à Paris, j'aurais eu des chances de me trouver au bon endroit, de faire les bonnes rencontres. Mais Issoire n'est pas la plaque tournante du show-business. Là-bas, je n'avais aucune chance. Ah ! Si seulement j'avais pu suivre la mouvance parisienne ! Il m'aurait sans doute suffi de traîner au Golf Drouot ou au Bus Palladium, là où mes futurs « confrères » faisaient déjà des bœufs mémorables, pour faciliter les rencontres, pour m'ouvrir au monde de l'art, pour développer mes passions. Vers cinq ans, nous habitions à côté de La Cigale. Chaque fois que Madeleine me laissait seul, j'en profitais pour m'y faufiler et assister aux répétitions des orchestres qui passaient là ! John Butler et son orchestre. Je revois son nom sur l'affiche. Qui était-il ? Je ne sais pas ! Était-ce un grand musicien ? Ne me reste que son nom et la magie des moments où il me laissait approcher et me permettait de toucher aux instruments. Mais le bonheur devenait total lorsque l'on posait devant moi un lait grenadine. Qui me l'offrait ? Une serveuse, le patron ou peut-être John Butler lui-même. Je découvrais les mambos, la musique sud-américaine, le tango. J'adorais le tango. Mon amour du bandonéon est certainement né de cette première fois où j'ai entendu jouer Astor Piazzola. J'ai toujours été ouvert à toutes les expressions musicales, à toutes les tendances. Il n'y a qu'une seule musique que je n'aime pas : la mauvaise.

Tirer le diable par la queue est inhérent aux artistes néophytes. Et pour être débutant, je l'étais. C'est d'ailleurs ce qui a emballé Christophe Izard, grand professionnel de la télévision, qui cherchait, pour son émission *À l'affiche du monde*, un chanteur novice. Tout neuf dans le métier. J'arrivais tout droit du Club Med, et dans le genre débutant, j'étais le sujet à ne pas manquer. Au-delà de ses espérances. J'étais en plein dans ce que j'appelle « mes années sandwichs » et je ne m'en plaignais pas. C'était un peu la galère, la bohème, mais il y avait une chose rassurante : à chaque fois que je me présentais dans une maison de disques, les directeurs artistiques me prêtaient toujours une oreille attentive et surtout, ils acceptaient d'écouter mes maquettes, réalisées au Club Med avec des copains. Là-bas, j'ai eu sous la main un fantastique laboratoire ; ce qui m'a permis de présenter mes propres créations.

Certains se disaient « séduits » par mon potentiel, d'autres étaient « touchés » par tous mes manques. Ils retenaient « la voix intéressante » et « le personnage d'une pureté bouleversante ». Ah ! Ça, pour être pur... L'accueil qui m'était réservé était toujours positif. Jamais je n'ai été éconduit. Jamais je n'ai eu droit au fameux : « Travaillez, mon jeune ami, et revenez nous voir dans un an ! » Personne ne me signait de contrat sur-le-champ, mais à vingt-deux ans, ce n'était pas ma priorité ! On me posait toujours la même question : « Elle est spéciale, votre voix, comment faites-vous ? » Rien, je ne fais rien du tout. J'étais bien en peine de pouvoir répondre à une telle question.

En arrivant dans la capitale, je me suis souvent senti bien seul, le bagage mince, quelques chansons, le cœur sous le bras, mes complexes, mes souvenirs et surtout ce silence. Pour en venir à bout, il me fallait naître par les mots. Mais les mots m'étouffaient. Ils avaient du mal à sortir. L'exercice était douloureux.

À l'instar de Mireille, qui avait fait de son Petit Conservatoire une véritable institution, la chanteuse Mick Micheyl recevait, elle aussi, les artistes en herbe qui débarquaient à Paris pour tenter leur chance. Par l'intermédiaire du petit écran, Mick aidait autant qu'elle le pouvait les débutants. Son émission de télévision était très courue car nous avions tous besoin d'un coup d'accélérateur pour prendre notre envol. Mick, c'était l'Armée du Salut à elle toute seule !

« Gérard, viens avec ton disque, on va voir ce que l'on peut faire ! » Avec l'énergie et l'autorité qui la caractérisent, Mick prend les choses en main. Elle me dégote illico une séance de dédicaces. « Je suis sûre que tu n'as pas mangé, toi ! Allez, descends au bistrot du coin avaler un sandwich ! » À la fois gêné et reconnaissant, mais ravi à l'idée de faire un festin, je dévale l'escalier quatre à quatre et mords à belles dents dans un jambon-beurre. Aussitôt, je sens que l'une de mes canines lutte avec le pain rassis et finit par céder. Ah ! Putain ! Je me vois mal assurer mes dédicaces avec une dent en moins. J'avais eu, étant jeune, des ennuis dentaires, mais le dispensaire de l'usine – qui avait l'air d'une clinique hollywoodienne comparé à celui de Saint-Vincent-de-Paul ! – n'avait pas réalisé des miracles.

Je remonte, toujours quatre à quatre, chez elle ; Mick, devant l'ampleur des dégâts, ne se démonte pas. Elle tente de reconstituer la dent en faisant couler de la bougie blanche. L'astuce est bien trouvée mais ça ne marche pas. Nous nous sommes tout de même rendus au rendez-vous. J'ai fait une croix sur le sourire et la conversation et pour la première fois j'ai signé Gérard Lenormand avec un « d ». J'ai toujours refusé de prendre un pseudonyme mais j'ai consenti plus tard à abandonner le « d » final de mon nom.

Quand on est jeune, inconnu, sans un sou, lâché dans la capitale sans point de chute ni recommandations, trouver sur son chemin une femme d'une telle humanité change la donne. Ce sont des moments de partage, de générosité, de réconfort que je ne peux oublier. Je ne veux surtout pas les oublier. Mick s'est montrée très protectrice envers moi. J'imagine que c'est cela, être maternelle.

De là-haut, je crois bien que le ciel a encore eu pitié de ma solitude et a tenté de m'envoyer une famille. Mes pérégrinations m'entraînent çà et là et me conduisent jusqu'à Joël Leibovitz, directeur artistique de la maison de disques Polydor, dont le père, Lucien, était programmateur à Europe nº 1. Quels veinards ! Écouter de la musique toute la journée ! Ce garçon appartenait à une grande famille juive de je ne sais combien d'enfants. Je suis tombé sur une tribu, chaleureuse et soudée, qui m'a tout de suite accueilli à bras ouverts. Elle m'a reçu comme un fils ! Et pourtant, ils ne roulaient pas sur l'or, les Leibovitz. Ils ne vivaient pas dans les quartiers chics. C'étaient des gens du peuple. Des gens simples et sains. Et vrais. Tous les amis qu'ils côtoyaient avaient leur place au sein du groupe. Ils tenaient table ouverte ; j'aurais pu aller manger chez eux tous les jours si j'avais voulu, si j'avais osé. Quand, bien des années après la naissance de notre amitié, j'ai lu l'œuvre d'Albert Cohen, j'ai retrouvé ce même monde, empreint de générosité, de joyeuse exubérance. C'étaient Les Valeureux décrits par l'auteur.

Je chérissais les Leibovitz ; je leur étais reconnaissant pour la chaleur qu'ils m'apportaient. Ils m'entraînaient dans un univers inédit dont je n'avais pas la clé. Ils pratiquaient un humour que je ne connaissais pas et que je ne comprenais pas toujours. Et pour cause. Je les voyais rire comme des baleines et, dans la seconde qui suivait, ils étaient capables de pleurer toutes les larmes de leur corps. Chez moi aussi, on pleurait. Chez les Normands et les Auvergnats, on pleurniche beaucoup. Comme dans les sketches de Fernand Raynaud. En revanche, à la maison, on ne riait pas souvent. Les Leibovitz et leurs copains étaient démonstratifs ; ils ne craignaient pas d'exprimer leurs sentiments, de s'embrasser, de se toucher. Leur comportement me ravissait et m'effrayait à la fois. Je trouvais leurs rapports bizarres, d'une certaine façon : ils s'aimaient, se le disaient, se le prouvaient ; ils s'entraidaient et ne médisaient pas les uns des autres. Ils m'avaient adopté. Nous nous amusions bien ensemble. Ils m'avaient affublé d'un surnom qu'on aurait dit tout droit sorti d'une bande dessinée : Le Goy. Ça me plaisait bien d'être Le Goy. Ça sonnait bien ! Même si je n'avais aucune idée de la signification du mot !

Chez moi, je n'avais jamais entendu parler de Juifs, encore moins de « goys ». Et puis un jour, j'ai deviné que ce mot mystérieux était bien plus qu'un surnom. J'ai fini par poser la question : « Mais c'est quoi, un goy ? » Comment oublier leurs éclats de rire ? Ils résonnent encore dans ma tête et dans mon cœur. Je n'étais pas un enfant, mais un nouveau-né quand je les ai connus. Je découvrais le monde.

Longtemps, les membres de la famille Leibovitz et leurs proches ont été mes seules relations à Paris. C'est Joël qui a déclenché l'effet boule-de-neige. Quand il a entendu mes chansons, il a poussé le cri du cœur. « Je veux m'occuper de toi ! » Ce que je lui soumettais n'était pourtant qu'imperfection et maladresse mais il a su voir au-delà ; il a su, en quelque sorte, décoder ma modeste production et, en visionnaire, il a su déceler les promesses qu'elle contenait. J'écrivais déjà des textes, bien sûr, mais ma carrière n'en était encore qu'à ses prémices. Joël m'a présenté à Lucien Soulat et, de fil en aiguille, je me suis retrouvé chez AZ, la maison de disques d'Europe nº 1. Lucien Morice, le célèbre directeur artistique de la station, est tombé amoureux de ma chanson, *Pluie*, celle que Carlos me fredonne à chaque fois que nous nous retrouvons. Cela fait plus de trente ans que ça dure. Et je ne m'en lasse pas !

Si j'avais eu un peu moins peur de les gêner, de me laisser aller, j'aurais pu mieux jouir de la compagnie des Leibovitz et de leurs amis, me nourrir de leur talent, me régaler encore davantage de leur érudition. Un jour Joël m'a présenté Boris Bergman. Avec lui j'ai fait mes premières chansons à Paris. Ensemble, nous avons écrit *Roule ma bille*, *Reste une chanson* et *Saule pleureur*, mais le titre étant déjà pris par Polnareff, nous avons abandonné *Saule pleureur* pour *À cœur la vague.*

Mon ami Joël ne possédait pas grand-chose et ne demandait rien à sa famille ; il vivait dans un petit studio de la rue de La Boétie où nous nous entassions tous. C'était le seul d'entre nous à pouvoir recevoir des copains. Malgré ses chemises et ses costards taillés sur mesure, Boris, lui, était le pleurnichard de la bande. Avec un seul de ses complets, on aurait pu tous manger pendant un an. Et pas que des sandwichs ! Il ne portait jamais les mêmes. Il devait avoir un tailleur qui lui coupait ses vêtements sur mesure. Boris nous énervait parce qu'il n'arrêtait pas de geindre ! Nous avions tous des problèmes. Nous n'avions même que ça car nous étions tous en devenir ! Et soucieux de l'avenir. L'intelligence et la culture extrêmes de Boris lui ont permis de faire une grande carrière... bien méritée. Ce garçon m'agaçait et m'épatait à la fois ; il nous en mettait plein la vue. Il maîtrisait le yiddish et l'anglais. En fait, je me demande s'il ne parlait pas toutes les langues ! Boris était capable de développer des théories métaphysiques pendant des heures. Il en jouait même beaucoup, de ses connaissances. Mais il est vrai que ce jeune garçon était une vraie encyclopédie et donc en cela passionnant. Je ne me sentais pas complexé face à lui. J'observais. J'engrangeais. J'absorbais. L'éponge, toujours l'éponge...

Je n'ai plus revu cette merveilleuse famille mais elle fait toujours partie de ma vie aujourd'hui. Joël a vécu un temps au Brésil. Est-il rentré en France ? Son frère, Frédéric, avait monté une maison d'édition. Qu'est-il devenu ? Je ne sais si

Lucien, leur père, et leur mère – personnages haut en couleur – sont encore de ce monde.

Les Leibovitz ont fait bien davantage que de me mettre le pied à l'étrier. En m'inculquant ses valeurs, en me transmettant ses enseignements, cette famille juive a fait mon éducation, à bien des égards. Elle m'a aussi et surtout appris la bonne humeur ; elle est devenue mon modèle, ma référence. La famille Leibovitz, c'était un enchantement, une idée du bonheur.

Au-delà des rêves

Hair remportait le succès que l'on sait, succès sulfureux, certes, mais succès quand même. Julien Clerc triomphait à la tête d'une troupe qui a su imposer, en France, la comédie musicale. Or, après une saison passée sur scène, le chanteur tire sa révérence.

Peu avant les dernières représentations, je reçois un coup de téléphone. « Gérard Lenorman ? Bonjour. C'est Annie Fargue. Le contrat de Julien Clerc arrive à échéance. Le rôle de Claude Bukowski, c'est pour vous. Peut-on se rencontrer ? » La productrice voyait mon arrivée au sein du groupe comme une évidence. Annie Fargue ne rigolait pas. Elle savait ce qu'elle voulait. Elle voulait Lenorman en tête d'affiche et n'en démordait pas. Je commençais à me faire connaître mais ma petite notoriété restait confidentielle. J'ai toujours été insouciant et je n'étais pas convaincu du bien-fondé d'intégrer la troupe de *Hair*.

Annie réitère ses appels. Et je balbutie à chaque fois des : « Écoutez, je suis désolé. Je vais y réfléchir et vous rappeler. » Ce que je ne fais pas. Elle ne lâche cependant pas le morceau. Et me relance : « J'aimerais que vous remplaciez Julien ; sachez que pour moi, le Claude de la pièce, c'était vous. » Au stade où j'en étais dans ma carrière naissante, cette proposition représentait tout de même un paquet de sandwichs chaque soir ! Il était temps de lui communiquer ma réponse, ne serait-ce que par courtoisie : « Eh bien, je ne vais pas accepter. Non, je n'ai pas envie de jouer *Hair*. Cela ne me correspond pas. Le peu que je connaisse de la pièce m'incite à vous dire qu'elle ne me convient pas. – Mais vous l'avez vue, au moins ? – Honnêtement, non, mais ça va ; le peu que j'en sais... »

Furibarde, Annie Fargue ne me laisse pas terminer ma phrase : « Écoutez, votre réponse est idiote ! Si vous n'avez pas vu la pièce, vous ne savez pas de quoi vous parlez. En tout état de cause, vous ne pouvez pas prendre de décision. – Qu'à cela ne tienne ! Ça se joue où ? Dites-moi quand je peux assister au spectacle. – Eh bien, venez ce soir ! – Parfait, j'y serai. »

L'affaire fut rondement menée. Sous pression, Annie m'attendait de pied ferme au théâtre. Elle n'avait pas l'intention de me lâcher d'une semelle. Je trouve le show vachement sympa et je le lui dis en ces termes, précisément, sans pour autant m'engager.

Pour dissiper mes réticences, qu'elle devine peut-être, la jeune femme m'expose franchement la situation : « Vous savez que l'Armée du Salut nous cherche des noises sous prétexte que nous jouons des scènes de nu – scènes que vous avez probablement appréciées grâce à une mise en lumière soignée ; ce tollé médiatique nous sert, je ne vous le cache pas ! La nudité est un symbole dans ce spectacle. On ne peut demander aux acteurs d'aller se rhabiller sinon le symbole fout le camp. »

J'avais, comme tout le monde, eu vent des attaques des

médias ; la presse criait au scandale. Mais tout ce ramdam, bien orchestré, avait été monté de toutes pièces. Je l'ai compris bien après. Je ne savais pas ce qu'était le marketing. Je ne connaissais pas encore tous les rouages de la communication : faire parler d'un événement, en bien ou en mal, mais qu'on en parle ! C'était tout un art, ici parfaitement maîtrisé.

Je me suis projeté sans difficulté dans le personnage. J'étais jeune et en parfaite adéquation avec cette mouvance hippie. Je n'avais pas attendu *Hair* pour arborer des chemises indiennes et toute la panoplie qui faisait fureur en ce temps-là.

Nous sommes en tout début de semaine. Le lendemain, toute la troupe se réunit autour de Bertrand Castelli, l'un des producteurs qui veillait aussi à la mise en scène, et à la philosophie du groupe, si je puis dire. C'était quand même une équipe assez allumée. Et pas seulement au sens figuré !

Annie mène toujours l'affaire tambour battant. « Gérard, êtes-vous capable d'apprendre le rôle en quelques jours ? – Aucun problème ! – Alors, vous jouez dimanche. » J'avale la pièce en moins d'une semaine. Quand je vous dis que je suis né éponge ! Tout ce qui concerne la musique est vite enregistré. Je n'ai pas une excellente notion du temps, cependant « tenir » le rôle en quelques jours ne paraissait pas insurmontable. Aimer ce que je fais et faire ce que j'aime aplanissent les difficultés et les inquiétudes. Bien sûr, ingurgiter les textes demandait une attention soutenue. Mais je ne peux pas dire que rentrer dans le personnage de Claude m'ait donné du fil à retordre.

Le reste de la troupe n'affichait pas la même désinvolture. La première, fixée en matinée le dimanche suivant, inquiétait la production, les acteurs, les machinos. Après tout, devaient-ils se dire, on ne le connaît pas, on peut se tromper sur son compte. Annie, elle, devait prouver qu'elle ne s'était pas fourvoyée. Le stress gagnait lentement mais sûrement chacun d'entre nous, sauf moi. L'angoisse de mes camarades était bien légitime car, non seulement j'acceptais le rôle presque au pied levé, mais je ne savais pas répéter ; je n'ai jamais su ! Et cela se voyait. J'observais et je me concentrais sur le travail des autres ; je donnais même avis, conseils et idées, au besoin. Mais pour le reste, pour ce qui était de ma partie, c'était dans ma tête. Combien de fois me l'a-t-on reproché ! Combien de fois ai-je entendu : « Gérard, on ne sait pas du tout ce que tu vas faire ! »

Répondre « Faites-moi confiance » ne rassurait personne, j'en conviens. Le staff de *Hair* ne demandait pourtant que ça : savoir ce que j'avais dans le ventre. Au cours de la première réunion de travail, chacun restait dans son registre et moi, je me trouvais en total décalage. J'ai interprété *Pluie*, chanson douce et romantique, presque lyrique, enregistrée quelques années auparavant mais qui n'avait pas fait exploser les ventes de disques. Pourtant, cette chanson sans rythmique ni force particulières a visiblement touché l'ensemble de la tribu, dont Annie, l'une de mes partenaires.

Tous les membres du spectacle étaient plutôt rock'n roll. Ils se trouvaient face à un môme émerveillé qui avait l'air d'en vouloir. Ils ne demandaient qu'à voir. Ils étaient protecteurs avec moi et je voyais bien qu'ils étaient contents de m'accueillir dans leur « famille », mais ils avaient l'air un peu étonné et quelque peu inquiet. Mon apparente timidité ne plaidait pas en ma faveur. Je pouvais montrer ma force mais il fallait que l'on vienne la chercher. Annie Fargue et Bertrand Castelli étaient les seuls de la bande à ne pas s'inquiéter outre mesure. Bertrand était un intuitif qui marchait au feeling et cherchait avant tout la fusion. Sans un mot, il me prenait par l'épaule et m'entraînait faire quelques pas avec lui. Il observait, il écoutait le silence. Ses certitudes venaient de là. Il sentait les choses et s'en imprégnait aussitôt. Il savait interpréter les ondes et créer une harmonie entre les éléments de son équipe. Lui aussi, dans son genre, était une éponge.

Leur confiance à tous les deux me touchait plus que je ne saurais l'exprimer. Pour rien au monde je n'aurais voulu les décevoir. Décevoir, pour moi, c'est de la même trempe que mentir, trahir. Je n'ai jamais supporté. J'ai donc vécu toute la semaine des préparatifs avec, par et pour *Hair*. L'immersion totale !

D'une voix monocorde, je balance mon texte : « Berger, j'ai l'impression de mourir. – Ah ouais ? T'as raison, on sent bien que t'es en train de mourir ! » Je me souviens qu'Hervé Watine *alias* Berger, le très physique leader du groupe, se montrait bienveillant mais peu convaincu par mes répétitions. Il fallait pourtant qu'il soit sûr de moi, son partenaire. Et il ne l'était pas. Il ne pouvait pas l'être. Je ne savais pas répéter, j'écoutais, j'observais mais j'attendais d'être en situation, comme pour les concerts, pour tout donner. C'est ce que je tentais d'expliquer à mes partenaires. Mais les autres n'avaient aucune raison de me croire sur parole.

Le jour de la première fut une délivrance pour tous. Une fête ! Un grand moment de bonheur ! Sur scène et dans la salle, j'ai senti une vague d'amour me submerger, comme si des centaines de caresses et de mots tendres m'enveloppaient. M. et Mme Régnier, les patrons des lieux, étaient enchantés de ma prestation, et surtout soulagés, car au départ ils m'avaient trouvé trop gamin pour le rôle. J'étais ému, bouleversé et fier car c'était la première fois que je jouais sur les planches d'un théâtre. Ce n'était pas rien, tout de même, pour le gamin que j'étais. Il fallait être là. Parler juste. Avoir de la présence. Apparemment, j'avais gagné la partie. Et Annie Fargue son audacieux pari. Je dois à sa pugnacité mes premiers vrais cachets d'artiste. La meilleure récompense que j'aie reçue cependant, c'est d'apprendre que le public est revenu en masse assister au spectacle après le changement de tête d'affiche. Première comédie musicale américaine à être traduite en français, notre adaptation de *Hair* a fait l'objet d'une critique élogieuse dans les colonnes du prestigieux *New York Times*, qui la jugea « la meilleure, la plus hippie et la plus festive de toutes ». J'ai appris que j'avais suscité le vif intérêt des producteurs et créatifs américains qui souhaitaient me faire travailler outre-Atlantique. Gros handicap, je ne parlais pas un mot d'anglais ! J'avais juste réussi à capter au cours d'une conversation qui a suivi dans les loges : « *Wow, your voice !* » Par la suite, j'ai été amené à rencontrer d'autres producteurs, artistes et musiciens américains qui m'ont toujours fait la même réflexion : « *Wow, your voice !* » La voix, m'avaient-ils fait traduire, c'est le reflet de l'âme.

Les comédiens m'ont témoigné leur joie et le plaisir qu'ils avaient eu à me découvrir tel qu'ils m'espéraient. Et, pour moi, faire partie intégrante de la troupe en quelques secondes, de manière aussi sincère et spontanée, me galvanisait. Mais il y avait un hic. Je souffrais le martyre quand je chantais. Personne ne se doutait de ce que j'endurais chaque soir ; je craignais de ne pas tenir. Tous les jours, je frôlais le drame : ne plus pouvoir émettre un son ! Conscient de mes carences, je me disais que je forçais probablement ma voix, qu'elle était peut-être mal placée. N'ayant jamais eu accès à aucune technique, cela n'aurait rien eu d'étonnant. Je l'avais fabriquée de manière instinctive, artisanale, si je puis dire. Et peut-être dangereuse. Dès les tous débuts de *Hair*, j'ai senti la nécessité d'apprendre à chanter dans les règles de l'art, si tant est que cela existe. Outre les représentations de la comédie musicale au Théâtre de la Porte-Saint-Martin, il m'arrivait, les jours de relâche, de donner mes propres concerts dans toute la France. Je forçais sur mes cordes et j'avais une peur bleue de me casser la voix.

Je me suis donc décidé à aller voir Mme Charlot, une femme que tout le monde s'accordait à trouver géniale et que l'on me recommandait. Obtenir un rendez-vous avec cette dame qui « coachait » tout le gratin du show-business relevait du miracle. Une fois de plus, la chance m'a souri. Merci, là-haut !

Je déboule chez elle, rue Ordener, sûr et certain de repartir avec la solution. Je n'étais pas dépaysé et ça me plaisait bien qu'elle habite le XVIIIe arrondissement, car ce quartier est lié à mon enfance. C'est là que vivait Yvonne, ma gentille tante, la mère de Jeanine, ma mignonne cousine... Passé les présentations d'usage, ce petit bout de bonne femme toute mince, un peu pète-sec, entre tout de suite dans le vif du sujet : « Alors, quel est votre problème ? » Je lui confie ma souffrance et lui fais part de mes craintes. « Vous connaissez les exercices ? – Non. » Elle fait quelques gammes. Et monte, demi-ton par demi-ton. Je suis le mouvement. Au bout d'un moment, elle me fixe, un peu agacée. Sans un mot, elle attrape une partition qui se trouvait sur son pupitre. « *L'Eau vive*, vous connaissez ? – Oui. » Je commence à chanter le succès de Guy Béart. Elle me lance un de ces regards ! « Écoutez ! Vous êtes bien gentil, mais je n'ai pas de temps à perdre. Vous n'avez aucun problème. Il y a des artistes qui ont vraiment besoin de moi. – Mais je viens vous voir parce que je suis très mal. Je vous assure. J'attends de l'aide. – Puisque je vous dis que vous n'avez aucun problème ! Tout ça, c'est dans votre tête. – Ah ! Bon. Vous êtes sûre ? Combien vous dois-je ? – Rien. Allez, sauvez-vous ! »

Je suis reparti bredouille, très déçu et déconfit. Longtemps après cette visite peu fructueuse, je me suis dit que cette femme m'a terriblement aidé à forger ma voix. Tout seul. Elle vient des entrailles et ne ressemble à aucune autre. D'ailleurs, je me souviens d'une discussion avec Thierry Le Luron à ce propos. Un jour, il m'appelle : « Dis-moi, Gérard, comment fais-tu pour chanter ? – Eh bien, écoute, c'est une bonne question. Si je le savais ! – Non seulement je n'arrive pas à t'imiter mais personne n'y arrive vraiment. C'est terrible, tu es *mon* problème. – Moi aussi ! Je suis *mon* problème. » Thierry avait contourné la difficulté en choisissant des chansons comme *Michèle* ; la voix était moins sollicitée, je chantais moins haut et c'était plus facile. Cette voix singulière plaisait aux uns mais agaçait les autres. Certains critiques me détestaient.

Quand la chanson *Il* est sortie, beaucoup de personnes se demandaient combien de temps j'allais tenir tant ma voix était tendue à l'extrême et au bord de la cassure. C'est tout juste si les paris n'étaient pas ouverts : « On va acheter le disque. On ne sait jamais. C'est peut-être son dernier. » Au lieu de me contrarier ou de me blesser, cette réflexion me touchait. Ma souffrance n'échappait pas au public, aux plus attentifs et aux plus sensibles. Un soir dans ma loge à l'Olympia, Jean-Claude Brialy m'a fait comprendre avec beaucoup d'élégance, de gentillesse et d'amour que je devais absolument calmer mon enthousiasme. Je voulais tellement toucher, convaincre, donner, mon effort physique était si grand que je m'épuisais. En homme de théâtre expérimenté, il m'invitait à me calmer. Il me rappelait que la voix est avant tout un instrument de travail qu'il faut savoir ménager. « Tu veux trop donner, Gérard. Apprends à donner. Donne, mais tu n'es pas obligé de tout donner. Prends garde à toi, Gérard, sinon tu vas mourir. » Désolé, Jean-Claude, je ne me suis pas vraiment calmé. Je ne crois pas avoir suivi tes précieux conseils. Et pourtant, tu avais bien raison ! Dans ces moments à haut risque, je ne sais pas comment j'ai réussi à éviter la catastrophe. Et Dieu sait s'il y en a eu ! J'ai encore en mémoire quatre semaines pendant lesquelles un vent de panique a soufflé sur l'Olympia. Complètement aphone, je ne pouvais pas sortir un seul son. Alors chanter ? J'ai tenu bon et, avec un traitement de cheval, j'ai pu assurer tous les concerts. C'est là que j'ai appris que les médicaments n'étaient pas l'essentiel. C'est le mental qui fait tout. Il me plaît de croire aussi que je bénéficiais là encore d'une protection divine.

L'affectueuse sollicitude de Jean-Claude Brialy me manque aujourd'hui, tout comme son humour. Il aimait me taquiner parce que je lui avais dit que je « n'aimais pas les hommes ». Lorsque nous nous croisions, il me lançait un malicieux : « Tu sais, Sardou embrasse beaucoup mieux que toi ! »

Sans les conseils de Mme Charlot – puisqu'elle n'avait pas jugé bon de m'en prodiguer – la comédie musicale s'est donc déroulée sans anicroche ; la troupe n'a jamais rien su de mes souffrances ni de mes angoisses.

Grâce à *Hair* – devrais-je dire à cause de *Hair* ? –, je suis entré dans un univers dont je ne soupçonnais même pas l'existence une semaine auparavant. J'assistais à des choses qui me laissaient pantois ! Comme à mon habitude, lorsque je jouais, je me donnais à fond dans mon personnage, j'étais dans l'histoire, mais à la fin du spectacle je redescendais de scène, autrement dit sur terre. Avec ces personnages tout en vrac, attachants mais déjantés, et je découvrais un autre monde. Je faisais l'apprentissage d'un microcosme particulier qui vivait en autarcie sur une autre planète avec ses codes, ses libertés et ses fantasmes. En dehors des représentations, mes camarades étaient encore et toujours dans la pièce. Ils la vivaient vingt-quatre heures sur vingt-quatre. Et moi, dans tout ça, je naviguais entre deux mondes, le leur et le mien. Déboussolé, du moins dépaysé, j'écarquillais les yeux : je venais d'Issoire où les seules fantaisies se résumaient au dicton local « Bon vin à boire, belles filles à voir ». Ce n'est pas non plus à Turqueville que j'avais pu m'initier aux turpitudes de la vie parisienne. Vaches, prés et pommiers étaient mes repères et ils ne me servaient plus à grand-chose.

J'étais spectateur privilégié de la vie débridée de mes compagnons, rarement acteur ! Nous étions sollicités de toute part, car il était du dernier chic de recevoir la troupe de *Hair* chez soi. Une clientèle, aisée en général, s'encanaillait en ouvrant les portes d'appartements BCBG à une horde de campeurs hirsutes au discours pâteux qui, hagards, investissaient les lieux.

Je ne tenterais pas de descriptions, je vous laisse imaginer ce qui circulait dans ces soirées. Les rave-parties d'aujourd'hui doivent faire pâle figure à côté ! Ce qui me frappait, moi, le petit campagnard, c'était l'aisance de mes camarades ô combien désinhibés. Ce naturel poussé à l'extrême m'époustouflait et bousculait mes habitudes. Sans pour autant me déstabiliser.

Amour libre, libération de la femme, nous étions en

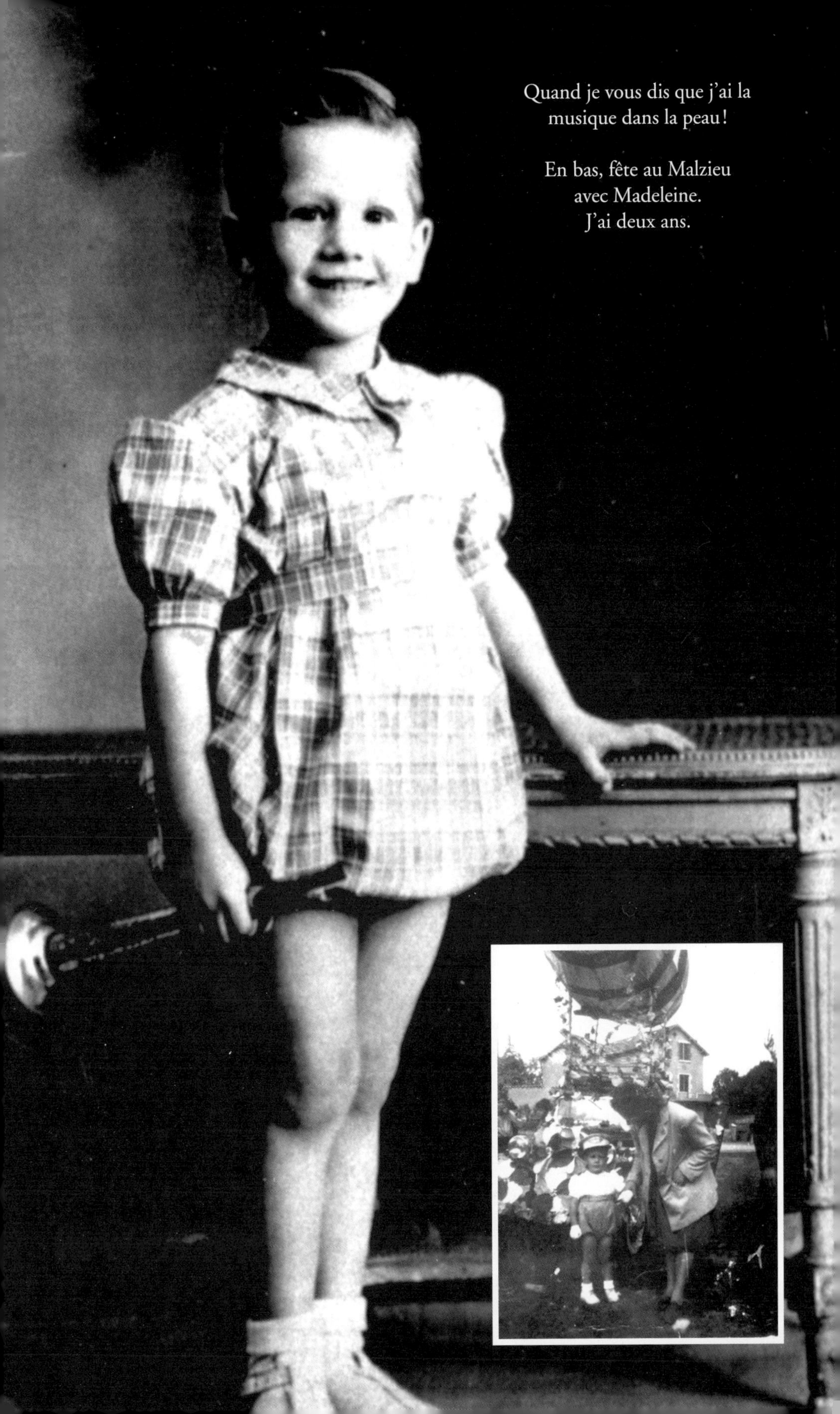

Quand je vous dis que j'ai la musique dans la peau !

En bas, fête au Malzieu avec Madeleine. J'ai deux ans.

Avec Madeleine à Turqueville.

Mon oncle Jules, le Roméo de ma tante Juliette.

Yuki, mon premier confident.

Toute mon enfance, on m'a appelé Vive la joie.

À l'école, rue Blanche, dans le XVIIIe.

Dans mes bras, ma petite sœur Dominique.

À Ravenoville-Plage, en 1953.

Communion à Issoire.
J'ai douze ans.

Augustine Lenormand,
ma grand-mère adorée.

À Turqueville, chez ma grand-mère.

Plage de Saint-Martin, 1958.
Avec Hubert et Dominique.

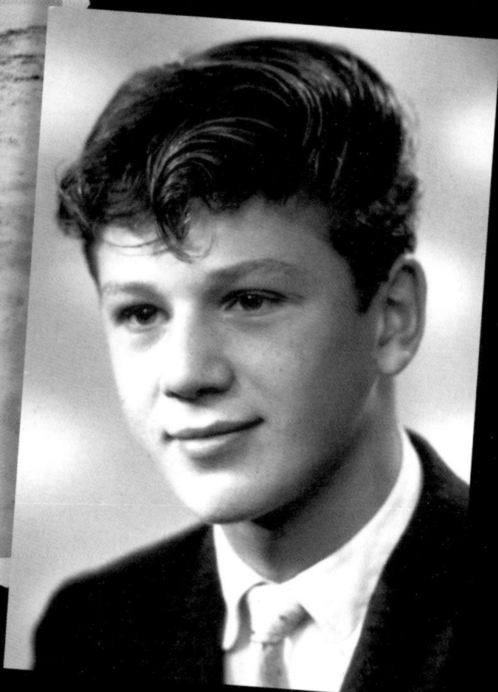

T'as le look, Gérard !

1961. Avec Dominique, mon frère Éric et Hubert.

ISSOIRE

REDACTION-PUBLICITE : 13, boulevard de la Manlière (t. 5-20)

Les festivités de la Quinzaine de bienfaisance

Eblouissante réussite du gala Rokamer

xxx

POUR NOUS DISTRAIRE : JERRY WELLS ?. — Il est jeune, et c'est une figure sympathiquement connue à Issoire. Il joue de la guitare, il chante, et il est un tantinet « yé-yé », mais il sait aussi se ranger au goût de tous.

Il a des camarades qui pensent, eux aussi, que la musique adoucit considérablement les mœurs, quand elle n'est pas, toutefois, pas trop « yé-yé ».

Ce sont aussi des musiciens dont Jerry Wells est le patron. Ces tout jeunes gens d'un talent certain, qui ne demande qu'à s'exprimer davantage, sont persuadés que sur le plan des loisirs Issoire mériterait beaucoup mieux...

Nous sommes de leur avis.

Et mardi, ils organisent au « Postillon » leur première soirée, à laquelle vous êtes chaleureusement conviés.

De gauche à droite : Patrick Roumeau, Gérard [redacted] et Roland Fouillit. Ils forment le trio « Jerry Wells ».

rien de 19 ans, chanteur fantaisiste et instrumentiste.

A la batterie, Patrick Roumeau, un autre Issoirien âgé de 19 ans.

A la guitare électrique, Roland Fouillit, 16 ans, troisième Issoirien.

Récemment, à la faveur du gala de judo, nous les avions applaudis ; hier, notre réaction fut identique, tant ils sont gentils et « bourrés » de talent. Bien sûr, leur style pouvait ne pas séduire toute la salle... Mais les jeunes en leur compagnie avaient perdu la notion du temps.

Le trio Jerry Wells fait la une du journal d'Issoire.

Hubert, Dominique, Madeleine
et Éric viennent me féliciter
après mon premier Olympia.

Au Midem, à Cannes. Remise de disques d'or. Je suis en bonne compagnie : Charles Trenet, Mike Brant, Manitas de Plata, Gilbert Montagné, Marcel Amont…

Ma vie, c'est la scène.

Avec Georges Brassens.
Deux générations
de chanteurs à Bobino.

Avec Mireille Mathieu
et Claude François.

Première parution dans
Paris Match. Merci
Brigitte.

Jojo souffle ses bougies.

Serge Gainsbourg,
Jane Birkin
et Coluche sont
de la fête.

Marie, ma femme, mon ange gardien.

La terre : mes racines, mon refuge.

Puppy et Kdo, mon âne du Cotentin offert par mes fans.

Conception graphique : Thierry Müller

plein dans les années *peace and love* ! Les filles attaquaient, bille en tête : « Qu'est-ce qu'il te faut, à toi ? C'est quoi ton truc ? – À moi ? Rien du tout, merci. – Tu ne veux vraiment rien ? » Non, vraiment rien ! Je ne prenais rien, je ne voulais rien. En fait, ces redoutables tentatrices n'avaient aucune chance avec moi car dans la troupe il y avait l'adorable Annie qui ne me laissait pas indifférent. Annie fumait des pétards à longueur de journée. J'avais un réel béguin pour elle parce qu'elle était tout l'opposé de ce qu'elle avait l'air d'être. Annie avait du cœur, une belle âme. C'était un personnage hors du temps. Elle m'impressionnait. Annie était nuageuse, légère, un peu trop enfumée quelquefois, mais c'était une chouette fille. Je l'ai adorée. Je n'ai pas su le lui dire. J'ai essayé, mais je n'ai pas pu. Et surtout pas lors de notre escapade à Honfleur !

Nous avions posé nos valises dans le meilleur hôtel de la ville de l'époque dans l'espoir de passer un petit week-end en amoureux qui s'annonçait sous les meilleurs auspices. Et là, Annie décide de m'initier aux paradis artificiels. Un pétard. Quel pétard ! Mort sur le coup. Mort à ne plus pouvoir bouger. Mort corps et âme. « Mais mon chou, qu'est-ce que tu as ? Ce n'est rien. Tu vas voir. Ça va passer ! » Non seulement ça ne passait pas mais j'étais décalqué, lourd, engourdi. Bien pire que ça. Quand la nécessité de m'isoler, dans-la-petite-pièce-au-fond-à-gauche, s'est faite plus pressante, j'ai eu un mal de chien à trouver mon chemin et surtout à rassembler ce qui me restait de forces pour m'y rendre. C'est en rampant que j'ai pu arriver à destination. Un sacré parcours du combattant ! L'aller avait été pénible. Le retour n'était même pas envisageable.

J'ai donc passé la nuit là, avachi sur une vulgaire lunette en plastique. Annie était un peu gênée, bien sûr, de voir son prince charmant se transformer en bûche sous ses yeux.

Embêtée mais pas traumatisée. Elle avait déjà embarqué pour une autre planète. J'avais manqué le train ; je n'étais pas du voyage. Je ne serai jamais plus du voyage. Tant pis pour moi ! Je garde de ce week-end le souvenir vivace d'une mer houleuse – que je n'ai jamais prise ni même jamais vue ! – et d'un lit qui tanguait à m'en donner le tournis. Premier et dernier contact avec l'herbe qui n'avait rien à voir avec celle des champs de mon enfance.

Par la suite, dans ce métier, j'ai été amené à en voir d'autres ! Si je n'étais plus ce jeune effarouché, je n'ai jamais suivi pour autant ces accros des soirées parisiennes ; ces professionnels de la fête ne m'attiraient pas. J'ai toujours conservé mon caractère casanier et réservé et j'ai su protéger ce que je considérais comme un atout. Quand j'étais plus jeune, j'ai bien sûr fréquenté des gens de la nuit et ces quartiers où se retrouvent autour d'un verre les artistes, les musiciens, et immanquablement les prostituées, surtout dans les petites villes de provinces où, passée une certaine heure, tous les établissements étaient fermés. Ne restaient pour dernier refuge, pour prolonger la nuit, que les bars à putes. Très vite, notre assiduité dans ces lieux nous amenait à faire partie de la famille, à sympathiser avec les filles. C'est de cette époque que j'ai gardé une tendresse particulière pour les prostituées. Celles que je rencontrais étaient généreuses, tolérantes, un peu paumées, toujours gentilles et, surtout, c'étaient des « taiseuses » comme moi et ça me convenait parfaitement. J'ai beaucoup de respect pour ces filles, constamment confrontées à la misère sexuelle et à la misère tout court. Il leur faut non seulement supporter la détresse des autres mais aussi la leur. J'en ai croisé beaucoup, de putes. Le mot n'a rien de péjoratif, c'est juste une appellation. Rien de plus. Pour moi, il ne véhicule aucun jugement de valeur. Aux XIXe et XXe siècles, les pères emmenaient leurs fils au bordel, en guise d'éducation sexuelle, quasi inexistante à l'époque. C'était plutôt intelligent de la part d'un adulte qui acceptait d'aborder les questions sexuelles par ce biais, sachant que ce sujet tabou n'était jamais abordé en famille. Il assumait ainsi sa responsabilité d'homme vis-à-vis de son fils. Cela se passait avant le service militaire, en général. Ils allaient chez les filles jeter leur gourme. Ça allait de pair.

Je me rappelle surtout l'une d'elles ; elle semblait avoir le béguin pour moi. Cela faisait rire tous mes potes. Et puis un jour, un concours de circonstances – avais-je loupé le dernier train pour rentrer chez moi ? – me pousse dans ses bras. Elle me propose de m'héberger. « Ne t'inquiète pas, je ne vais pas t'enquiquiner, tu peux venir à la maison entre copains ! » J'ai accepté l'invitation à dormir, mais je n'ai pas beaucoup dormi ; il n'y avait qu'un lit, bien sûr ! Je garde le doux souvenir d'une soirée et d'une nuit très émouvantes. C'était très mignon, très tendre et j'ai découvert en fait que cette très jeune femme que j'avais serrée dans mes bras était folle amoureuse de moi. C'était trop. J'étais gêné de ce trop-plein de tendresse parce que moi, je ne l'aimais pas. Non parce qu'elle était une professionnelle car, au contraire, cela me rassurait. Avec elle, j'étais en confiance, je ne risquais pas d'être piégé par une grossesse malencontreuse.

J'aimais ces ambiances et rencontres nocturnes que seul le crépuscule sait nous offrir. Mais je n'aurais jamais pu devenir un nuitard et encore moins un pilier de boîte. Danser, pour moi, relève de l'exploit. C'est vraiment pour faire plaisir. Mais, moi, l'introverti, le coincé, j'ai tout de même eu des « pétages » de plomb. Cela se produisait surtout quand je cherchais à séduire ; là, j'étais capable de me lâcher. Les quelques témoins qui ont assisté à mes rares moments de folie ont pu constater que j'exécutais des mouvements inédits dont je revendique l'exclusivité car je les ai purement et simplement inventés. Ils peuvent se targuer d'avoir assisté au « lâcher de Gégé » ! Et ce, sans que je prenne quoi que ce soit d'illicite. Seuls l'instant présent et l'inspiration m'y poussaient. Il n'y a rien de pire qu'un type bridé à cent pour cent qui décide d'ouvrir les vannes. Au fait, ne m'appelez jamais Gégé. Je peux voir rouge. L'appellation contrôlée est réservée à quelques rares privilégiés.

Beaucoup de personnes parviennent à se laisser aller quand elles sont prêtes à la fête ; elles savent s'amuser sans calcul, sans retenue, sans arrière-pensées. Mes délires, je les compte sur les doigts d'une main. Libérer mon énergie, ma joie, mon envie de m'éclater, je ne sais pas bien faire. Et c'est là que je prends conscience de mon manque à vivre. Quel dommage pour mon entourage ! Et pour moi, donc !

Pour l'amour de l'Art

Enfant, je n'ai pas reçu grand-chose en héritage. Est-ce un mal pour un bien ? Je ne suis pas loin de le penser. Privé de tout, je voulais tout connaître, tout essayer et surtout rattraper le temps et les illusions perdues. Aurais-je eu cette même soif d'apprendre autrement ? Pas sûr ! Une terre aride et inexploitée pouvait se révéler fertile pour peu que l'on y semât quelque graine. Mais chez moi, on ne semait rien. On cultivait savamment l'inculture, vécue comme une tare inhérente à notre condition et, de fait, immuable. Les voyages, le théâtre, le cinéma, la danse, la littérature, la musique, ce n'était pas pour nous. Je n'acceptais pas cette exclusion arbitraire avec docilité, surtout en ce qui concernait la musique. Sans être pour autant capable de la définir, de l'analyser et encore moins de la combattre ni de me rebeller. Avec quelles armes ? Et, de toute manière, on ne saurait désirer accéder à ce que l'on ne connaît pas !

Comme j'étais une véritable éponge, j'enregistrais tout ce qui passait à la radio. C'était ma seule source d'énergie. Instinctivement, je m'accrochais à ce qui me semblait être un rai de lumière dans ce tunnel. J'enregistrais absolument tout. Et c'était pour la vie. Tout ! Même le classique. Tout petit – je n'avais pas plus de six ans – j'ai eu la révélation en découvrant *L'Oiseau de feu* et *Le Sacre du printemps*, de Stravinsky, lors d'un concert retransmis en direct à la radio. Madeleine n'était pas à la maison ce jour-là, et j'ai pu en profiter tout à loisir.

L'utilisation des instruments m'avait saisi ; c'était rock'n roll à une époque où le genre n'existait pas vraiment et où la guitare électrique n'avait pas encore fait son apparition révolutionnaire. J'ai tout de suite été émerveillé par le son des violons et les inventions rythmiques de Stravinsky. J'ai été submergé par la force colossale qui se dégageait de cette œuvre, interprétée avec une inventivité et une modernité frappantes.

Cela peut sembler présomptueux à six ans, mais je sais que c'est à ce moment précis, que j'ai « su » ce que je voulais faire plus tard, quand je serais grand. En une fraction de seconde, ce morceau bouleversant et magique a changé le sens de ma vie. Mon désir créatif, de fait, se faisait plus ambitieux. Sans délaisser les mélodies, comme celles que fredonnaient Piaf ou Line Renaud, que j'avais maintes fois entendues à la radio, j'allais me consacrer à cette musique-là, qui me prenait au ventre. *L'Oiseau de feu* et *Le Sacre du printemps* restent profondément ancrés en moi.

Ma mère écoutait beaucoup Radio Luxembourg dans sa cuisine. Mon oreille traînait toujours près de cette boîte magique et je captais, pêle-mêle, actualités, concertos, chansons de variétés, émissions politiques ; j'engrangeais notes de musique et bribes de savoir. Curieux cocktail, parfois indigeste. La radio a joué un rôle prépondérant dans mon enfance. Bien plus tard, j'ai couru les brocantes pour faire l'acquisition de ces postes en bois, comme celui qui m'avait tenu compagnie pendant mes jeunes années.

Je me rappelle aussi la voix prenante et très typique de Geneviève Tabouis. Toni Garlaski avait vu juste : j'avais de la feuille. Je me souviens que la journaliste abordait dans sa célèbre chronique, *Dernières nouvelles de demain*, des thèmes totalement hermétiques au bambin que j'étais, mais son timbre et son phrasé me captivaient. Elle représentait pour moi la culture – ou plutôt l'idée que je m'en faisais – et l'autorité. Je considérais un peu Geneviève Tabouis comme ma première maîtresse d'école. En tout cas, je me l'étais choisie. Celles que j'ai vu défiler ensuite dans ma trop courte scolarité n'avaient que faire de voir l'élève Lenormand se morfondre ou dissiper la classe. J'étais ailleurs. Sur la Lune. Eh bien, je n'avais qu'à y rester ! Je ne m'épanouissais pas en classe, trop malheureux d'avoir à patauger dans ma réalité. Plus grand, lorsque le poste de télévision en noir et blanc a investi la salle à manger familiale, j'ai poursuivi mon apprentissage en solitaire grâce à un conteur hors pair : Alain Decaux. J'ai toujours été ouvert, sans y avoir été initié, à toutes ces choses qui élèvent l'homme et dont je sais aujourd'hui qu'elles constituent nos indispensables nourritures spirituelles. Geneviève Tabouis et Alain Decaux m'avaient mis en appétit.

J'ai vécu comme ça des années, sans nom, sans image, sans modèle, sans repère, sans référence. Je ne sais toujours pas classer mes connaissances dans des tiroirs. Maintenant, je ne peux plus dire que je ne différencie pas Bach de Mozart, ce serait exagéré. Mais grosso modo, j'écoute de la musique sans toujours connaître l'identité de son compositeur. Réciter des faits, des dates et des noms appris par cœur ne me procure aucune joie. Mais connaître et apprécier une œuvre et en éprouver du bien-être, ça oui. Ce sont les émotions qui comptent et rien d'autre.

Avec *L'Oiseau de feu* et *Le Sacre du printemps*, j'avais reçu un petit signe de là-haut, certes, mais ce n'était tout de même pas suffisant pour susciter une vocation d'artiste. Longtemps, j'ai cru que j'étais un sot parce que je n'avais pas accès à la culture. Las de ne pas savoir, de ne pas comprendre, de ne pas connaître, cent fois j'ai failli baisser les bras. Plus les années passaient, plus le fossé se creusait. Avaler des livres à la chaîne, multiplier les voyages, courir les expositions ne suffiraient jamais à combler le manque. Ma boulimie intellectuelle avait beau être infinie, je n'étais pas un ogre. Parfois, je me résignais. La fatalité m'apparaissait comme une montagne : difficile à déplacer.

Ma vie intellectuelle a donc commencé sur le tard. Je me méfie toujours du mot « intellectuel » et je le manie avec précaution. Souvent, lorsque des manifestations agitent notre pays, je me fais la réflexion : pourquoi la presse commente-t-elle les événements systématiquement de la même façon ? « Il y avait des intellectuels et quelques artistes. » Traduction : des cerveaux et quelques couillons ! Et les autres ? Ceux qui ne valent pas la peine d'être mentionnés, qui sont-ils ? Ils doivent être de fieffés imbéciles. Eux, justement, c'est le peuple, sans qui la manifestation n'aurait pas eu lieu ! Mais la masse, on l'ignore. Elle n'a pas son mot à dire. Je trouve ces discours convenus et ce système de pensée ségrégationniste. Nous avons tous un cerveau et nous le faisons tous fonctionner. Comme nous voulons. Comme nous pouvons... Ma vie intellectuelle, disais-je, a commencé trop tard pour que je puisse exploiter des terrains artistiques auxquels j'étais pourtant prédestiné.

J'ai toujours été attiré par la peinture. Mais par quel bout commencer mon initiation ? Quelle école de peinture privilégier ? Quels maîtres admirer ? J'étais tout neuf en peinture, comme dans tous les arts. Grâce à l'un de mes amis, Raphaël Mahdavi, un artiste peintre que j'admire énormément, fin pédagogue de surcroît, je suis parvenu à casser mes peurs. L'envie viscérale d'empoigner pinceaux et tubes de gouache, il y a longtemps que je l'avais ancrée en moi, mais Raphaël m'a donné le courage de me lancer. Enfin ! Agrafer une toile sur un mur et peindre, peindre, peindre... C'est un être rare avec lequel j'aime parler. Et surtout j'adore l'écouter.

Érudit fascinant, Raphaël a travaillé dans des facultés américaines, espagnoles et françaises ; il incarne le prof dont nous rêvons tous. Je suis allé au musée du Louvre avec lui. Nous nous sommes arrêtés devant un seul tableau et j'ai fait un voyage extraordinaire dans toute l'histoire de la peinture, une immersion dans un monde que je n'aurais pu aborder seul. Il m'a fait gagner un temps précieux. Aucun livre ne m'aurait apporté autant en si peu de temps.

J'adorais par-dessus tout les conseils qu'il me prodiguait. « Gérard, ne fais pas petit ! Attaque une grande toile ! » Mais faire grand, ça fait peur ! Si je peins une toile, je veux réaliser une toile à ma mesure. Mais quelle est ma mesure ? J'ai cru devenir fou quand j'ai commencé car c'est très complexant de démarrer surtout quand on vous demande de voir grand et que l'on ne possède ni le bagage ni la technique pour être à la hauteur de ses ambitions. Raphaël Mahdavi fait partie des personnes extraordinaires que j'ai croisées sur ma route, comme toujours. Je n'ai pas su vivre pleinement notre belle relation, l'entretenir, la développer.

Heureusement, la chance m'a souvent accompagné dans mon éternelle quête de connaissances. Et j'ai pu colmater carences et blessures ici et là, combler les vides au gré des rencontres et du hasard qui fait souvent bien les choses. J'ai pu remplir des cases affectives, artistiques, spirituelles, existentielles. Ma rencontre avec Pierre Cornette de Saint-Cyr, commissaire-priseur et grand amateur d'art avec lequel j'ai immédiatement sympathisé, fut décisive. Je lui dois beaucoup. « Toi, Gérard, tu es un artiste. Est-ce que tu aimes la peinture ? – Oui, mais tu sais, ce n'est pas pour moi, je n'y connais rien ! – Je t'ai observé, dans une galerie, tu vas directement là où il faut. Tu as l'œil. Tu devrais aller dans des musées. » Un jour, je « pète » un peu les plombs et je décide d'aller voir ailleurs si j'y suis. « Changement d'herbage réjouit les veaux », dit-on à la campagne. Cet ailleurs, c'est Saint-Paul-de-Vence. Je fais part de mon escapade à Pierre. « Très bonne idée ! Suite à nos discussions sur l'inculture, tu devrais rencontrer l'un de mes amis là-bas, Jean-Louis Prat. Il va s'occuper de toi. »

Moi, l'incorrigible lève-tard, je suis, ce jour-là, debout à 8 heures le lendemain matin. Je fais les cent pas devant la galerie en attendant l'ouverture. « Vous êtes chez vous ! » Jean-Louis Prat, qui régnait alors sur la Fondation Maeght depuis plusieurs décennies, m'accueille dans ce haut lieu de l'art sans me poser les questions d'usage que j'aurais jugées embarrassantes. J'aurais eu l'impression d'être soumis à une interro pour évaluer ma culture générale. La menace du zéro pointé planait !

Je me souviens avoir été tout d'abord marqué – parce qu'elles me semblaient saugrenues et me faisaient pouffer de rire – par des espèces de grosses tapisseries pleines de poussière signées du Catalan Tàpies. La visite guidée commençait fort ! Concentré, mais tour à tour intrigué, séduit et dérouté, je déambule dans cet espace impressionnant, fabuleux vivier de talents : Calder, Giacometti, Miró, Picasso, Kandinsky, Chagall... Je vais, je viens, je vire, je reviens. Mais il m'arrive de « sécher » et j'aime bien savoir pourquoi je ne comprends pas. Parce qu'il n'y a pas de raison. Même si, au fond de moi, j'entends toujours une petite voix qui me dit : « Mais, Gérard, qu'est-ce que tu fais là ? » La confusion des sentiments et des émotions me submerge. Je passe une nuit épouvantable. Comment trouver le sommeil quand on prend conscience du désert dans lequel on se dessèche sur pied depuis toujours ? Les séances de rattrapage promettaient d'être longues et intenses ! De retour à l'hôtel *La Colombe d'or*, établissement de légende, rendu célèbre par les séjours du couple Signoret/Montand, je réalise que les murs sont couverts des œuvres de Miró. Le peintre payait ses ardoises en tableaux !

Le lendemain, à 6 heures, je suis fin prêt pour une nouvelle journée de découverte. Il faut battre le fer tant qu'il est chaud, mais il m'a tout de même fallu attendre l'ouverture des portes. La peinture produit le même effet sur moi que la lecture. Elles me sortent l'une et l'autre de ma vie et de mon esprit étriqués. Elles me délivrent de l'asphyxie. Depuis le temps que j'attendais ça ! Dès potron-minet, je fais à nouveau le pied de grue. Prat se révélait un conservateur attentif et pédagogue qui remplissait à merveille sa mission. Avec lui j'éprouvais la sensation d'avancer, d'être moins ignare. Non seulement je n'errais plus tel un égaré, mais j'étais mis sur la bonne voie. Et puis, la petite voix commençait à se faire plus discrète aussi. Je ne posais pas beaucoup de questions, tout juste quelques précisions quant aux dates. Je ne voulais pas me mouiller mais j'attendais que le galeriste me confirme ce que je pressentais. Ces repères temporels me semblaient intéressants. C'est ainsi que j'ai découvert les peintres contemporains, vite devenus mes préférés. Je me sentais lié à ces artistes, je me sentais proche d'eux et j'aimais les rencontrer. Par la suite, j'ai toujours tenu à rencontrer les peintres dont j'achetais les œuvres. Si leurs œuvres me touchaient, j'avais également besoin d'être touché par l'homme. Pierre Cornette de Saint-Cyr avait eu raison : son ami s'était avéré l'interlocuteur idéal, un être d'une élégante et délicate simplicité ; il possédait la connaissance et n'en faisait pas toute une histoire. Il éprouvait même un réel plaisir à la partager. Il avait aussi accepté de partager ses bonnes adresses gastronomiques. Le lendemain, Jean-Louis Prat et Marc Chagall déjeunaient chez Tétou, l'établissement que mon guide venait juste de me recommander. On y servait une de ces bouillabaisses ! La meilleure. Toujours avec ma manie de ne pas déranger, je me faisais tout petit dans la salle mais Jean-Louis tenait à faire les présentations.

« Gérard, voici le maître et son épouse. » S'il savait quel inestimable cadeau il m'a offert ce jour-là ! Avec ce regard à la fois d'enfant et d'aigle qui le caractérisait, Chagall a dévoré des yeux la jolie jeune femme qui m'accompagnait. L'œil du maître ! Cette rencontre inespérée avec Chagall fut le couronnement de mon immersion – en trois jours chrono – dans le monde de l'art contemporain. Je dois beaucoup à cette incursion car elle m'a permis de gommer, une fois pour toutes, l'idée préconçue que la culture n'est réservée qu'à certains élus. En fait, nous sommes aptes à saisir la beauté d'une œuvre ou pas. Nous sommes aptes à voyager ou pas. Nous sommes aptes à comprendre ou pas, à être touchés ou pas. Voilà la clé. Si j'avais été élevé dans cette ouverture d'esprit, j'aurais compris que le savoir n'est pas une règle à observer mais un désir à satisfaire, accessible à tous. Grâce à mon état d'éponge, j'assouvissais ce désir. Ce qui était intéressant dans mon approche, c'était le chemin pour y accéder. Ma culture était sauvage, incontrôlée, imparfaite, certes, mais je l'avais acquise avec sincérité.

Je ne suis pas non plus sorti indemne de ma visite au Rijksmuseum d'Amsterdam. J'ai découvert Rembrandt et ses toiles gigantesques. J'ai découvert Vermeer et ses subtils jeux de lumière, mais j'ai longtemps refusé la taille réelle de ses tableaux. J'étais stupéfait de constater que ces œuvres qui m'avaient tant touché tenaient sur quelques centimètres carrés. Pour moi, un chef-d'œuvre se devait d'être immense. Dans la salle, juste à côté, les Rembrandt étaient exposés. Quel contraste ! Quel souci du détail ! La plus petite breloque y était reproduite dans ses moindres détails. C'était pour moi le mariage harmonieux de l'infiniment petit avec l'infiniment grand.

Le coup de crayon parfait de Matisse m'a toujours fasciné. J'ai été comme terrassé par Le Caravage et sa démesure, la densité de ses œuvres. Quand on admet le dérangeant, on ne peut qu'être fasciné par ces grands maîtres ; ils sont entrés dans mon panthéon à moi un peu pêle-mêle. Je n'ai jamais cherché à faire un concours pour tester mes connaissances mais je me suis plutôt laissé porter par les concours de circonstances. Et, bizarrement, les choses se sont enchaînées comme si un déclic s'était produit. À partir du moment où j'ai pénétré dans cet univers, les informations et les événements liés à l'art parvenaient jusqu'à moi. Je « tombais » sur le livre qui m'intéressait. J'avais vent d'une exposition qui me ravissait. Paris, New York, Tokyo, Londres, Berlin, le monde artistique s'ouvrait à moi.

Souvent je repense à la boîte de couleurs reçue dans mon enfance. Il est des cadeaux qui font plus de mal que de bien, surtout lorsque le cadeau arrive avec l'ordre de « ranger pour ne pas casser ». Cette boîte destinée à la création a fini sur une étagère, dans l'armoire, coincée entre deux piles de draps. Et surtout, sans initiation, que faire ? Comment faire ? Avoir ce coffret dans les mains, c'était un peu comme avoir accès à une bibliothèque à trois ans. Si l'on ne sait pas lire, à quoi bon posséder tous ces livres ? J'aurais tant aimé m'exprimer dans cette discipline car, là aussi, j'aurais pu assouvir ce besoin de créer qui était en moi. Quel gâchis !

J'ai toujours eu envie de jouer la comédie, de « faire l'acteur ». D'ailleurs dans la vie en général, lorsque je raconte des histoires, lorsque je me passionne pour un sujet, immanquablement on me dit : « Tu es fait pour le théâtre. » En fait, de cette envie viscérale qui me taraude depuis longtemps, je n'ai parlé à personne. Les metteurs en scène ne risquent pas de penser à moi ! Toujours cette mauvaise habitude de ne pas me livrer. Si je ne me décide pas, je déclamerai mon texte les deux pieds dans la tombe. L'encombrant qui est en moi ne veut pas lâcher prise. Le regretté Jean-Michel Rouzières, qui fut directeur du Théâtre du Palais-Royal, avait perçu mon attirance pour cet art et m'avait encouragé. Jean-Claude Brialy, lui, m'avait prédit une longue attente. « Tant que tu auras ton visage de poupon, tu ne pourras pas t'imposer ni au théâtre ni au cinéma. Mais quand tu auras ta vraie gueule à toi, là, ce sera différent. »

Jongler avec les mots, les faire sonner, rebondir, vibrer pour faire des gammes avec les sentiments : voilà qui m'aurait exalté ! Dès que j'ai su que cela existait, j'ai pris goût au théâtre. Il m'est arrivé d'assister à des représentations qui m'ont parfois figé d'admiration. Pour n'en citer qu'une seule, la pièce *Le Visiteur*, signée Éric-Emmanuel Schmitt, m'a laissé en proie à une émotion rarement éprouvée. Une sorte d'état de grâce. De béatitude. Le comédien, Thierry Fortineau, magistral et bouleversant interprète de Dieu, méritait bien que je fasse un petit effort : dépasser mon encombrante timidité pour lui dire mon bonheur et mon trouble. Au moment de frapper à sa loge, après la représentation, je me suis trouvé vissé au sol et muet. Il s'est avancé, comme s'il devinait ma paralysie, et m'a serré fort dans ses bras. « Oui, je sais », m'a-t-il simplement murmuré, encore habité par son personnage. L'un et l'autre, nous étions en larmes. Je garde de cet instant la sensation d'un moment de grâce.

Je ne suis pas un frustré pour autant. Car de tous mes vœux, il en est un que j'ai pu exaucer. Le premier ! La chanson. Entre le théâtre et le music-hall, il n'y a qu'un pas à franchir. D'ailleurs, dès qu'un artiste remporte du succès dans quelque domaine que ce soit, son désir, avoué ou pas, c'est de chanter un jour. Tous les grands acteurs sont des chanteurs ou l'ont été. Jean Gabin, André Bourvil et Louis de Funès, pour ne citer que ces exemples, ont commencé par faire leurs armes au music-hall. Et, si d'autres ne l'étaient pas ou n'étaient pas assez performants pour espérer se produire sur scène, ils ont tous secrètement rêvé de le devenir. La réciproque est aussi vraie. Serge Reggiani, Eddy Mitchell, Alain Souchon, Johnny Hallyday, chanteurs populaires et reconnus, se sont illustrés avec bonheur dans la comédie. Je regrette que la chanson ait souvent été considérée comme un art mineur, comparée au cinéma ou aux arts plastiques. Devant les caméras de télévision, je me souviens d'une mémorable prise de bec entre Guy Béart et Serge Gainsbourg sur le sujet. Le premier défendait la chanson et le second la reléguait loin derrière la peinture qu'il mettait sur un piédestal. Mais Gainsbourg, c'est une autre histoire. Il savait tout faire. Ce génie avait de l'or au bout des doigts. Serge voulait conquérir le monde et ravir le cœur de ses contemporains en jouant la comédie, en mettant en scène, en réalisant tableaux et sculptures. Toutes ces disciplines artistiques qu'il maîtrisait possédaient, à ses yeux, davantage de noblesse que la chanson. Serge était uniquement reconnu par le public en tant qu'auteur-compositeur-interprète mais je crois que cela ne lui suffisait pas.

Les risques du métier

Pour ne plus souffrir,
il faut assister à sa vie en spectateur.

Oscar WILDE

J'ai déboulé sur scène et dans le métier « innocent comme l'agneau qui vient de naître ». L'expression me va comme un gant. Des talents ont émergé en même temps que moi, Julien Clerc, Michel Sardou et d'autres. J'ai cru que l'accession à ce statut d'artiste me permettrait de tisser des liens entre nous. Peut-être voyais-je là une belle opportunité de construire ? Une famille d'artistes, c'est mieux que pas de famille du tout ! J'ai vite constaté que la plupart d'entre eux se situaient, intellectuellement, socialement, médiatiquement ou « nombriliquement » au-dessus du lot. Moi, je ne me suis jamais situé autrement que venant du peuple et j'ai toujours revendiqué mes origines. Mon AOC à moi, en quelque sorte ! Nous n'avions donc pas les mêmes valeurs. C'est ce qui m'a le plus déçu ! Accéder à son rêve n'est pas une entreprise dont on sort indemne.

En 1982, pour mon premier passage au Palais des Congrès, j'avais choisi de rendre hommage à Jean-Jacques Goldman, Francis Cabrel et Alain Souchon en interprétant dans mon spectacle leurs succès. J'avais choisi *Je l'aime à mourir*, *Quand la musique est bonne* et *Allô maman bobo*. On a la fâcheuse habitude en France de rendre des hommages posthumes. Moi je voulais rendre hommage à des jeunes bien vivants, pleins de talent et d'avenir. L'histoire ne dit pas si mes « confrères » ont été sensibles ou pas à mon coup de chapeau. Ils ne m'en ont rien dit ; n'en ont-ils jamais rien su ? Je les admirais mais, manifestement, ce n'était pas réciproque. Je n'en éprouve pas d'amertume, juste un peu de tristesse. Les gens comme nous avons, collée au beau milieu du front, l'étiquette « chanteur populaire ». Dans certaines bouches, le mot « populaire » raisonne comme le mot « peste ». J'ai très vite perçu que ce métier n'était fait que de clivages. Moi qui me trouve parfois lent à la « comprenette », ça, je l'ai pigé rapidement.

Il y avait tant d'interprètes que j'adorais, dont j'aimais la voix, le style et les chansons. Après tout, ne réalisaient-ils pas le même rêve que le mien ? N'étions-nous pas nés du même désir ? Il m'a suffi de faire un test ou deux pour me rendre à l'évidence : peut-être suis-je le seul à penser de la sorte ? Peut-être n'ai-je pas su me rapprocher d'eux ? Je suis arrivé en chanson poliment, presque sur la pointe des pieds, comme je suis arrivé dans la vie, finalement. J'ai attendu. Ma patience avait fait ses preuves. Il n'y avait pas d'échange possible ? Eh bien, tant pis ! Je n'ai jamais été enclin aux rapports superficiels et factices. Beaucoup de mes petits « copains » ne pensaient qu'à leurs carrières, privilégiant ce qu'ils jugeaient bien pour eux : veiller à la réputation, soigner l'image, favoriser le paraître... J'imagine que l'examen de passage, me concernant, débouchait sur un verdict sans appel ! « Ce n'est pas la peine que je perde mon temps avec celui-ci, il ne va rien m'apporter. » Bon, d'accord, nous ne sommes pas du même bord. J'ai toujours été à part. Et j'ai toujours trimbalé le rejet dans mes valises. Décidément, excepté les Leibovitz, on ne m'a pas vraiment aidé à m'intégrer à une famille, quelle qu'elle soit.

Quand j'ai commencé à exploser, en 1970, j'ai eu la chance de vite devenir « hénaurme », comme dirait Fabrice Luchini. Voilà un garçon qui me fascine ! Puis, dans les années 1984-1986, l'hystérie a commencé à faiblir. Nous connaissons tous ce phénomène d'accalmie. Cela n'a rien à voir avec notre cote de popularité ni notre talent. Bruel peut aujourd'hui sortir manger une pizza sur les Champs-Élysées sans qu'une nuée de groupies scandent « Patriiiickk ». Johnny, qui est une sorte d'Himalaya, peut maintenant aller chercher le pain au coin de la rue. Aznavour peut aller chiner aux puces en maillot de bain, si ça lui chante. Cela ne signifie pas que le public n'aime plus ou moins « ses » artistes, mais qu'il les a rangés dans la catégorie des valeurs sûres. Ils font un peu partie de la famille, sinon du patrimoine. Comme dit Michel Drucker, « l'important, c'est de durer ! Le plus dur, ce sont les trente premières années ».

Malheureusement, pour la jeune génération, le contexte est différent. Aujourd'hui, les engouements se tassent très vite. C'est la tendance. Des émissions comme la Star Academy favorisent la montée au firmament à la vitesse grand *V* et garantissent la descente aux enfers dans les mêmes délais. Ceux qui n'y sont pas préparés ont du souci à se faire. Parfois, dans nos métiers à hauts risques, il serait bon de prévoir des parachutes. On connaît l'adage : « Beaucoup d'appelés, très peu d'élus. » Au risque de passer pour un vieux con, les artistes de mon temps visaient la postérité. Polnareff meurt s'il n'est pas en haut de l'affiche... avec ou sans sous-vêtements. Johnny crève s'il n'est pas au top. C'est leur oxygène.

Il y a quelques années, j'ai eu la naïveté de répondre franchement aux questions d'un jeune journaliste qui m'interviewait par téléphone pour NRJ. Ce n'était pas du direct et mes propos ont donc pu être coupés et remontés à l'envi. C'est tellement facile et drôle de se payer un chanteur ! L'intervieweur me demande si j'ai connu l'hystérie des fans. Spontanément, je lui confirme que oui, j'ai été un phénomène de mode qui suscitait le délire. Tout comme Hallyday, Sardou et bien d'autres. Ne parlons pas de Claude François qui en jouait et s'amusait à faire monter la pression en laissant des admiratrices lui arracher sa chemise. Moi, j'ai toujours cherché à calmer le jeu et surtout à obtenir le respect du public. Puis je conclus l'entretien en disant : « Cela s'apaise un jour ou l'autre et c'est tant mieux. Aujourd'hui, c'est Patrick Bruel, demain, ce sera M. Pokora. » Or l'interview diffusée sur les ondes s'est résumée à ce simple constat : « Lenorman se prend pour Bruel ! » Je me prends pour Lenorman et ce n'est déjà pas si facile.

Certains soirs, j'aurais préféré disparaître pour échapper au délire des fins de concerts. Il est des sorties de scène dangereuses dont on se passerait bien. J'ai failli mourir étouffé après plusieurs concerts ! Au début, on ne se méfie pas. Rassembler un vrai public est grisant. Puis, il se fait plus nombreux. Les fans se comptent par milliers, ils commencent à fantasmer sur le bonhomme ; l'engouement grandit. La folie aussi. Et la menace gronde. Ce geste d'amour qui consiste à tendre la main pour toucher l'artiste est anodin. Mais quand cinq mille mains convergent vers vous, croyez-moi, c'est une autre histoire.

Un jour que je signais tranquillement mes cartes postales, dans un petit village près de Montpellier, je me suis retrouvé submergé par la foule. J'étais écrasé, piétiné, asphyxié. C'est un trop plein d'amour qui se transforme en cauchemar.

J'ai expérimenté des sorties de scène en civière. Non parce que j'étais épuisé par mon tour de chant, mais pour m'engouffrer dans une ambulance et me dérober ainsi à certaines admiratrices trop possessives et pour le moins entreprenantes. Un soir, je suis entré à l'horizontale dans le véhicule qui attendait pour me ramener à l'hôtel. Malheureusement, un petit malin – ou était-ce une petite maligne ? – a tiré la couverture sous laquelle je me cachais. Du haut des remparts de la ville, la foule, surtout composée de femmes, hurlait « C'est lui ! » et n'hésitait pas à plonger sur moi.

C'est ainsi qu'un jour, j'ai dû prendre la décision de manière radicale. Plus de dédicaces ! J'ai aussitôt entendu bien sûr des réflexions désobligeantes et injustes. Le public me l'a reproché. Les fans, surtout. « Pour qui se prend-il ? » « Ça y est. Il a attrapé la grosse tête. » Non, ce n'était pas la grosse tête mais la peur s'était installée. Je ne pouvais plus continuer ainsi. J'ai repris, quelques années plus tard, le calme revenu, le chemin des dédicaces, non sans une certaine inquiétude. J'exigeais une organisation en béton, avec du personnel de sécurité vigilant et efficace. Mais ce genre de garantie est toujours illusoire...

Il faut sans cesse veiller à ne pas laisser les autres raconter votre propre vie. Les gens ne sont pas friands de vérité mais de bons gros ragots croustillants. En cela ils sont bien servis par les médias. Bien sûr on m'a proposé des bidonnages, des mises en scène... Je n'ai jamais accepté de me prêter à ces mascarades. Homme public, j'ai été beaucoup sollicité, convié dans des lieux prestigieux où très souvent j'allais plus pour faire plaisir que par plaisir. Lorsque le succès est venu, je voyageais énormément. J'ai fait plusieurs fois le tour du monde, toujours par nécessité, jamais par plaisir. Aéroport-répétition-concert-aéroport-retour. À un moment, j'ai senti que je perdais pied. Ma vie n'avait plus de sens, ce que je vivais ne me ressemblait plus. Je n'étais pas bien dans ma peau. Au niveau de l'écriture, je prenais un tournant, et je ne voulais pas continuer à remplir des carnets de promesses vides... mais il me fallait le temps de trouver les richesses qui allaient compléter mon répertoire, chercher de nouvelles inspirations. Alors, j'ai choisi de me mettre en retrait. Oui, vraiment en retrait. J'ai toujours été un solitaire et je ne me sens jamais aussi bien que lorsque je marche dans ma campagne, au milieu de mes arbres, mon chien à mes côtés.

J'ai enfin découvert le plaisir de partir pour partir, j'ai appris ce que c'était que de voyager, d'être prêt à l'inattendu, à l'éveil, voire au choc des cultures. J'ai connu des lieux où l'idée de confort s'apparente davantage à une tare qu'à une nécessité. Merci mon Dieu pour cette petite paillote en feuilles de palme au Laos, au milieu du Mékong, sur l'île de Khong, où nous dormions à même le sol. Je n'avais jamais rêvé plus belles nuits !

Gagner moins d'argent ne m'a jamais incité à accepter l'inacceptable. Je n'y ai jamais attaché suffisamment d'importance. C'est un privilège qui inspire le respect mais pas l'admiration. Je n'ai jamais consenti à faire des concessions dont je pourrais avoir honte. Une honte de plus, merci bien !

Avec mon éthique, mon inculture, avec ce que je suis et ce que je ne suis pas, j'ai accédé à l'inaccessible. J'ai été reçu par les plus grands de ce monde tout en refusant les invitations régulières et successives à l'Élysée. La perspective de parader aux garden-parties données par les présidents de la République, quels qu'ils soient, ne m'a jamais séduit. Ma place n'est pas là. Après tout, nous ne sommes que des petits bonshommes, des saltimbanques, des amuseurs. Si j'ai échangé quelques mots avec le président Mitterrand, ce n'était pas au palais de l'Élysée, mais dans les Landes, à la présentation d'un superbe golf qui venait d'être achevé près de Seignosse. Lorsque j'ai reconnu sa silhouette, je suis allé le saluer. On ne me voyait plus beaucoup à cette époque ; j'avais sorti ma chanson *On a volé la rose*. Y avait-il un phénomène de cause à effet ? Avec l'esprit brillant et plein de malice qu'on lui connaissait, François Mitterrand m'a simplement dit, coupant court à mon petit discours pour me présenter : « Mais je vous connais très bien. Vous savez, les satellites qui gravitent autour de moi prennent des décisions dont je ne suis pas toujours à l'origine. » Message reçu. Ce bref échange n'aurait jamais pu avoir eu lieu à l'Élysée. Accepter ce genre d'invitation me procurerait la désagréable impression d'aller quémander quelque chose. Je ne dis pas qu'un artiste et un chef d'État ne peuvent entretenir des relations amicales. Mais, dans ce cas, il ne leur est pas interdit de se rencontrer ailleurs, dans un lieu moins officiel, moins connoté !

Je n'ai rien du chanteur engagé. À chacun son métier. D'ailleurs, je vote depuis peu ; j'avais besoin de me sentir réellement « majeur » pour faire valoir mes droits civiques. Mes opinions, je les ai gardées pour moi. Et pourtant, on m'a prêté des couleurs politiques que je n'ai jamais eues. J'ai toujours eu pour principe de ne jamais répondre aux rumeurs. Ni pour confirmer ni pour infirmer. Et, en général, si l'on souhaite intervenir, c'est rarement pour confirmer. J'ai probablement eu tort. J'ai chanté pour le président Valéry Giscard d'Estaing et ce n'est pas passé inaperçu ! Mais je n'ai jamais cherché à utiliser ce genre de rencontres. En revanche, il est une invitation – et c'est la seule ! – que j'aie réclamée et honorée. Plutôt deux fois qu'une ! Giscard avait organisé un sommet mondial au château de Versailles afin de lever des fonds pour financer les travaux de restauration de la galerie des Glaces. Or, je tenais absolument à voir cet endroit dans son jus avant restauration. C'est le bâtisseur et l'esthète qui ont succombé à la tentation. Pas le chanteur ! De plus, j'habitais Versailles et je me sentais concerné. Il faut savoir que les dons collectés auprès des Américains ont été colossaux. Après la fameuse tempête de 1999 qui a causé tant de dégâts matériels irréversibles, ils ont encore mis la main à la poche. Ils l'aiment, notre château de Versailles.

Mais les explications ne servent à rien. Quand on veut vous coller une étiquette sur le dos, il n'y a rien à faire. J'avais chanté pour Giscard, soit. Mais j'avais aussi chanté pour Mitterrand dans des meetings à Carcassonne, à Paris ou ailleurs. Tout le monde avait brutalement occulté la soixantaine de concerts que j'avais donnés pour le Parti communiste. Je n'avais pas ma carte d'adhérent mais il y avait là-bas un monsieur, Marc Gimbert, qui m'avait beaucoup aidé à mes débuts. Quand la chance m'a souri et que le succès est devenu phénoménal, il ne m'a plus sollicité. J'ai senti que, par discrétion, Marc ne m'appellerait plus. Il est vrai que, dans ce métier, et je le déplore, c'est le règne de la mémoire courte. Sans nouvelles de mon ami, je lui ai téléphoné. Pour une fois, j'ai bravé mon laxisme et surtout ma timidité. En fait, Marc m'avait vexé, blessé même. Je ne pouvais accepter son silence. Je tenais à le remercier pour son aide précieuse et indéfectible pendant toutes ces années. Cet homme avait donné sa vie au PC, il a donné sa vie aux autres. C'était un saint ! Il a permis à des personnes, qui ne s'exprimaient jamais, d'avoir voix au chapitre. Je lui ai dit : « N'oublie jamais ceci : Marc, tu es mon ami. Et quelle que soit la bannière de ton parti ! » Je chante pour tout le monde, je l'ai toujours fait, j'ai bien l'intention de continuer...

Les membres du PC font partie de mon public. Je l'ai toujours su et je le revendique. Je l'ai d'ailleurs vérifié à mes dépens ! En 1983-1984, j'ai vu fondre les réservations au Palais des Congrès comme beurre au soleil. J'avais commis l'imprudence de m'exprimer sur des prises de position du Parti dans l'ex-Union soviétique. Mon producteur, Roland Hubert, m'a téléphoné dès le lendemain de ma malencontreuse intervention pour me féliciter. « Bravo, Gérard ! Bien joué ! Nous venons de perdre la moitié des locations. » Il faut savoir qu'aucune salle parisienne ne fait jamais le plein sans les comités d'entreprise. Mon précédent passage au Palais des Congrès avait pourtant été un immense succès : on avait même « vendu les marches », comme l'on dit dans notre jargon. Mais, cette fois-là, je ne l'avais pas ramené la veille !

Le succès, les preuves d'amour d'un public toujours plus nombreux, plus aimant, plus fidèle ne m'ont pas donné foi en moi tout de suite. La confiance, c'est un sentiment qui naît avec soi. L'acquérir au fil des années relève du tour de force. Et je n'ai rien d'un surhomme. Il a d'abord fallu me débarrasser de mes gestes et de mon allure étriqués. À Issoire, mes habits devaient durer le plus longtemps possible. J'avais honte de porter pulls, tee-shirts, chemises et shorts trop petits. Ils me serraient tellement que les coutures menaçaient de lâcher à tout moment. L'année où j'ai rencontré Marie, j'ai opté pour des chemises XXL. On aurait pu en mettre quatre comme moi dedans. En même temps que j'optais pour des vêtements qui me laissaient libre de mes mouvements, j'apprenais à vivre sans entrave.

Comme tous les artistes, j'ai fait des choix. Des bons et des moins bons. J'en assume l'entière responsabilité. Sans amertume. Je me rappelle la visite de personnes venues me proposer une chanson écrite pour moi – c'est en tout cas ainsi que l'on m'a présenté la chose. Jean Ferrat en avait signé la musique. Jean-Jacques Souplet, le directeur artistique de CBS, organise la rencontre au sous-sol dans le studio. Quand il s'agit de choses importantes, j'oublie la diplomatie la plus élémentaire. Je ne mentionne même pas mon admiration pour Jean Ferrat. Je suis dans ma bulle. Très touché de l'attention, j'écoute la chanson, *Mon vieux*. Je sens que ce titre va devenir un tube énorme. Je le « sais », j'en suis convaincu, mais je décline l'offre. « Je ne peux pas chanter cette chanson parce que, si j'avais un père, je ne l'appellerais pas "mon vieux". Par contre, je sais qui va la chanter. Il vient de faire une tournée d'été avec moi ; c'est l'interprète idéal : Daniel Guichard. » La suite on la connaît. Daniel a porté ce titre avec une force naturelle et a servi le texte avec talent. J'ai toujours suivi mon instinct. Je ne me pose pas de questions d'intérêts. Ma mission, c'est de porter mes choix avec passions et convictions. Je n'ai rien d'un « regretteux », j'ai cette insouciance-là et c'est une vraie chance.

Je me demande encore comment j'ai pu accéder à mon rêve de faire l'artiste. En réalité, j'ai eu un mal de chien à m'y habituer. J'ai mis un temps fou à admettre que j'avais acquis une notoriété. J'ai un énorme problème d'adaptation. Les hommes sont peut-être comme les maisons ; ils doivent être bâtis sur de bonnes fondations, sinon, tôt ou tard, l'édifice ou le bonhomme s'écroule. Étrangement, j'éprouve une grande difficulté à entrer dans la vraie vie puisque la mienne, je l'ai construite ailleurs. Étais-je sujet à un dédoublement de personnalité ? Je me donnais en spectacle au sens propre du terme et j'étais spectateur de mon propre spectacle. Mais je n'analysais pas. Je n'avais que faire de la gloire. Je ne faisais rien pour ça. Je voulais juste que l'on m'aime. Et ça fonctionnait plutôt bien.

Quand on sort un succès, les garçons et les filles se prennent soudain de passion pour le type qui chante « Oui mais il parle aux oiseaux ». Craquant ce chanteur romantique, écolo avant l'heure ! C'était plaisant. C'était soudain. Sans être à même de réaliser que je bâtissais une petite carrière, j'appréciais. Pour moi, j'étais toujours en devenir, rien n'était jamais gagné. J'ai toujours couru après une étoile et, par définition, une étoile est impossible à atteindre. L'important, c'est que je grandissais ; grandir, c'était faire plein de monde dans les salles. Encore une fois, mon souci était de chanter. Pas seulement d'enregistrer des disques ! Même si je remplissais cette mission très sérieusement. Les professionnels qui ont travaillé, et peut-être souffert, à mes côtés me trouvaient exigeant. Je les soupçonne d'avoir employé d'autres termes pour qualifier un perfectionnisme exacerbé. Mais la récompense, l'aboutissement de tous mes efforts, c'était le spectacle. Je me suis démené comme un diable et j'ai dépensé des fortunes pour obtenir le son qui allait rendre mes concerts magiques. Pour moi, le son a toujours été capital. J'ai fait le tour du monde pendant des années pour trouver « le » son ! Au Canada, j'ai acquis le brevet d'exploitation des droits pour l'Europe d'un nouveau système de son qui allait révolutionner le monde de la scène. J'ai créé la première boîte de son sérieuse, Fiatson, qui est devenue, grâce à moi, la boîte de son de référence en Europe. Ce qui m'autorise à dire que j'ai amené le son en France.

Bien avant de connaître le succès, je faisais déjà de la scène. Célèbre ou pas, je vous garantis que le plaisir est intact. Des centaines ou des milliers de paires d'yeux qui vous suivent, ça file le grand frisson. Pas question de regarder en coin. Avec le public, c'est les yeux dans les yeux ou rien. Façon de parler, car j'ai un léger strabisme. Le mot très à la mode est galvaudé, mais il y a une telle interactivité entre le public et l'artiste que la déconcentration n'est pas envisageable. Le charme serait aussitôt rompu.

Chanter, pour moi, n'est pas un acte gratuit. Déjà, adolescent, dans les petits orchestres de province, je ne meublais pas avec une chanson, je vivais l'expérience de toute mon âme. La vague yé-yé avait balayé tout sur son passage, y compris les piliers de la chanson française comme Bécaud, Aznavour et tant d'autres. J'interprétais, à ma façon, *Ma vie*, d'Alain Barrière, et *Retiens la nuit*, de Johnny Hallyday, qu'Aznavour, grand absent des radios, avait écrite. Je n'imitais surtout pas !

Mon ascension a été vraiment fulgurante. Il se produisait un phénomène non négligeable : je remportais un succès certain auprès de ces demoiselles. Côté séduction, j'étais en rodage. Bien sûr, c'était magique de plaire. Mais à cette magie inconnue jusqu'alors, donc suspecte, je préférais celle de l'estrade qui me hissait au rang de crooner, de chanteur de charme ou de rockeur, c'était selon. Les filles m'attiraient mais je les tenais à distance.

J'ai vu des types ringards au possible qui emballaient, comme on disait dans les boums, avec une facilité déconcertante. Le statut de chanteur était un vrai sésame. J'avais tendance à me méfier de cette facilité. Une dénommée Michèle, celle à qui j'ai dédié la chanson éponyme, pourrait affirmer le contraire ! Quand je pense que Didier Barbelivien avait intitulé cette chanson *Marcelle*... Heureusement, j'ai obtenu gain de cause. Bref, je ne profitais pas beaucoup de mes nouveaux atouts, mais je n'en éprouve aucune vanité. Mon attitude timorée n'avait rien d'héroïque. Enfin, si ! Il y avait probablement une grande part de timidité qui freinait mes élans. Étais-je beau garçon ? Je n'en sais rien. Je ne me suis jamais trouvé beau. J'avais une de ces coiffures avec une horrible raie sur le côté ! Mes complexes me précédaient. Ma mère ne m'avait jamais fait de compliments. La première déclaration d'amour, celle qui construit un homme, je l'attends encore !

À quatorze, quinze, seize ans, les années défilent ; elles comptent double. Au même âge, il y avait belle lurette que tous mes copains d'Issoire avaient découvert les jeux de l'amour et du hasard. Hasard qui ne faisait pas toujours bien les choses ; je l'ai vite constaté. Quitte à passer pour un attardé, un impuissant ou un puceau – que j'étais –, j'attendais mon heure. J'ai toujours su qu'il ne fallait pas me jeter dans la gueule du loup. J'étais sexuellement développé et très intéressé par la chose. Je n'envisageais nullement de me faire moine. Encore que ! Gamin, je voulais être missionnaire pour aller soigner des enfants en Afrique. Mais cette vocation était davantage dictée par le désir de chanter dans les églises que de faire une croix définitive sur la gent féminine. D'ailleurs, à cet âge, j'associais missionnaire à charité chrétienne et à lointains voyages. Ah ! voir du pays...

Je n'ai jamais bénéficié de cours d'éducation sexuelle ni d'aucune éducation tout court. C'était l'époque qui voulait ça ; une mère, un père ne disaient rien à leur fils. Pour une fois, j'étais logé à la même enseigne que mes camarades. Le sexe était tabou et source de bien des misères. Nous en étions aux balbutiements de la pilule et il était hors de question que le piège se referme sur moi. Je ne voulais pas courir le risque de mettre une jeune fille enceinte. Je me savais honnête et sensible, jamais je n'aurais planté ma petite amie si une telle tuile nous était tombée dessus. L'acte sexuel en lui-même, j'y pensais, je ne pensais même qu'à ça, mais il me filait la pétoche ! Mille fois, j'ai été sur le point de succomber. Mais, au moindre faux pas, ma vie aurait volé en éclats. Mes projets et mes rêves se seraient évanouis ! Je n'étais pas prêt à payer ce prix. C'est, en tout cas, ainsi que j'ai traduit ma peur, mes réticences.

En sortant du centre d'apprentissage, bien des copains devaient se précipiter devant monsieur le maire ; on les comprend ! Il suffisait d'une fois et souvent, la première fois, c'était la bonne. C'était la course infernale contre la montre. Il fallait activer la cérémonie pour régulariser une situation jugée peu reluisante. Surtout vis-à-vis de la famille de la jeune fille qui passait aussitôt pour une traînée. Vraiment, cela ne me disait rien de refaire l'histoire. Je tenais à m'exprimer, à me réaliser, m'épanouir, exister. Tous ces mots qui font sourire tant ils sont galvaudés. Je tenais à vivre, peut-être... tout simplement !

Dans ma reconstruction, chaque personne qui croyait en moi me facilitait la tâche et attisait ma foi en l'avenir. Sur scène, je suis heureux. Mieux que cela ; je suis moi-même, je suis ce pour quoi j'ai toujours été fait.

Ma vie, moi c'est la scène,
Crier à ceux que j'aime,
Je reviens... Je reviens...

Le public m'a révélé. M'a fait naître. Je peux lui dire ma reconnaissance et mon amour. Le public, c'est comme Dieu, je lui parle sans complexes. C'est plus facile de déclarer sa flamme à cent mille personnes qu'à une seule. J'ai toujours beaucoup de difficulté avec le tête-à-tête. Je reste à son écoute et suis souvent ses judicieux conseils. C'est grâce au public que j'ai appris très tôt qu'il y avait deux moments forts sur scène : quand l'artiste arrive et quand il s'en va. Deux rendez-vous à ne pas rater...

Brèves rencontres

Il est parfois effrayant de se voir offrir une main tendue.

J'ai toujours eu le chic pour louper mes rencontres. Quand j'entends le proverbe « Aide-toi, le ciel t'aidera », je me dis que le ciel a bien rempli sa mission. Et il a eu du mérite car j'ai passé ma vie à lui mettre des bâtons dans les roues.

Heureusement, nous, les artistes, croisons parfois sur notre route, semée de sérieux guet-apens et de cuisantes déceptions, des aînés qui nous donnent le petit coup de pouce qui fera la différence. D'autres se révèlent de sacrés visionnaires. Cela relève parfois de la prémonition. Certains d'entre eux, et pas des moindres, ont eu la gentillesse de croire en ma bonne étoile et en mon talent alors que je n'en étais encore qu'aux balbutiements et que je n'y croyais pas moi-même. Au risque de passer pour un dinosaure, j'ai eu la chance, alors que j'étais tout minot, de rencontrer Maurice Chevalier. C'est le premier qui m'ait encouragé de son accent de titi parisien.

Il voulait enregistrer un nouveau disque et désirait travailler avec la nouvelle génération d'auteurs-compositeurs. M. Soulat, mon éditeur, avait prévu d'emmener toute son écurie : Guy Bontempelli, Boris Bergman, etc. J'étais le petit dernier de la bande, mais il ne m'a pas laissé de côté. C'est ainsi que je me suis retrouvé au domicile du chanteur, à Marnes-la-Coquette, en compagnie de mes talentueux aînés. Mais avant de nous rendre au rendez-vous, il a fallu plancher sur une chanson. En une nuit, Boris et moi avons écrit *Sandrine*. Quand mon tour est venu, je n'ai pas hésité une seconde : j'ai chanté *Sanddrrrine* en traînant sur les mots et en jouant avec les fluctuations de ma voix à la manière de Chevalier. Il était inconcevable que je l'interprète autrement. Si je roulais les « r » à l'envi, toute l'équipe qui m'entourait roulait des yeux. Tous me faisaient des signes et des mimiques qui traduisaient une certaine gêne.

Maurice Chevalier, lui, m'écoutait, à la fois amusé et attentif. Il m'observait de son regard pétillant de malice. Au moment de prendre congé, il s'est avancé vers moi et m'a gratifié, avec cette gouaille inimitable, d'un petit compliment tout en me pinçant la joue. Comme il l'aurait fait à un môme de Ménilmuche. « Toi, mon p'tit bonhomme, tu feras quelque chose parce que tu as l'œil. » Et, prenant les autres à témoin, il a ajouté : « D'ailleurs, il me fait penser à Adamo... en plus souriant. » Le maître avait bien pris mon petit numéro ; ce dont je n'avais jamais douté. Je ne m'étais même pas posé la question, j'y étais allé en toute innocence !

Comme Chevalier, Brigitte Bardot m'avait prédit le succès. Elle a joué un grand rôle dans mon ascension et d'une fort jolie façon. Dès la sortie de mon premier disque sur les ondes, Jacques Ourevitch, journaliste à Europe n° 1, a tout de suite accroché avec mes chansons, mon style, ma voix. J'étais flatté car des artistes, il en avait vu défiler quelques-uns ! Une relation amicale s'était nouée. Un jour, il me téléphone : « Dis, Gérard, ça te plairait d'écrire pour

Bardot ? – Oui, pas de problème ! – Eh bien, penses-y ! » C'était un honneur et une chance inespérés d'être sollicité pour écrire une chanson à la mythique BB mais, Bardot ou pas, je ne pouvais pas composer pour une personne que je ne n'avais jamais vue.

Quand je débarquais à Europe, tout le monde me faisait peur. Ça a dû en faire rigoler plus d'un ! Je rasais les murs et rentrais la tête dans les épaules. Mais pour aller chez Bardot, le petit débutant timoré se débarrassait, comme par enchantement, de ses complexes et de ses craintes. Je devenais un jeune homme normal, plus du tout timide et très pro. Mais un peu impressionné, tout de même. En 1968, de Gaulle et Bardot sont à peu près les deux Français dont la notoriété franchit toutes les frontières. Deux « monstres », en somme.

Je la rencontre donc, chez elle, où elle reçoit quelques auteurs-compositeurs dont Christian Arabian, avec qui j'ai quelques chansons en chantier, et Franck Gérald, le beau-frère de Pierre Delanoë, un garçon humble et touchant, qui a signé quelques-unes des premières chansons de Polnareff. J'étais en bonne compagnie. Je revois l'appartement situé au dernier étage d'un immeuble de l'avenue Paul-Doumer à Paris. Superbe, pas immense, d'une grande discrétion. Il n'y avait jamais rien, chez Brigitte, d'ostentatoire, d'exubérant. Elle-même était presque effacée. D'ailleurs, sa résidence à Bazoches tenait davantage de la petite cabane que du manoir. Quant à la légendaire Madrague, ce n'est pas franchement une villa hollywoodienne. Contrairement à Brigitte, qui n'a jamais eu la folie des grandeurs, j'ai possédé un château. Avec moi, les grandeurs n'ont pas de limites. Les folies non plus.

Présentations des plus cordiales. Discussions à bâtons rompus. Au bout d'un moment, notre hôtesse, fort courtoise, nous remercie de notre visite. Tout le monde saisit le signal de départ. Je me prépare à prendre congé, comme les autres, et je l'entends me proposer : « Tu veux rester avec nous ? – Euh... Eh bien, oui. Pourquoi pas ? » Je ne lui avais pas encore présenté de chansons. Ce n'était pas le propos du rendez-vous. Il s'agissait juste de faire connaissance. À l'instar de Maurice Chevalier, avec un naturel désarmant, elle s'intéresse à mon avenir, à mon sens encore bien incertain.

« Toi, tu vas aller très loin, je te le prédis. Tu as quelque chose. Tu vas faire très très mal. Tu peux me faire confiance ! À chaque fois que j'ai ressenti ça pour quelqu'un, cela s'est révélé exact. Tu verras, je ne me trompe jamais. » Imaginez ça dit par Bardot ! « Des amis vont également nous rejoindre tout à l'heure. Je ne sais pas encore ce que nous allons faire, dîner dans un restaurant peut-être, mais tu viens avec nous, bien sûr ! Cela me ferait très plaisir. » Devant Bardot, captivante, je devais ressembler au loup de Tex Avery ! Langue pendante et yeux exorbités. Intérieurement, en tout cas, c'était sûr ! Le plus beau, c'est que je n'étais pas un grand fan de l'actrice. Je n'aimais pas trop les films qu'elle avait tournés et je n'étais pas incollable sur son parcours cinématographique. Je connaissais, comme tout le monde, le personnage incontournable mais sa façon de parler faux me choquait un peu. Moi qui ai l'oreille absolue... Voilà que, d'un seul coup, je me trouve face à une star qui m'apparaît comme au cinéma mais dont la voix tombe parfaitement juste. J'en suis un peu troublé. Et là, comme une évidence, le « phénomène Bardot » s'impose à moi. Brigitte, c'est un charme. Une fascination. Un envoûtement. Bardot, chez elle, c'était mieux que sur grand écran. C'était un film avec une vraie héroïne. Jouait-elle ou pas la comédie ? Je n'en sais rien. D'ailleurs, qu'importe ! Cette femme avait une sacrée présence. Une présence bien plus éblouissante que dans ses longs métrages. Curieusement, cette présence magistrale, au lieu de m'écraser, me mettait à l'aise. Peut-être ma naïveté et ma sincérité l'avaient-elles touchée ? Entre nous, cela a fait tilt ; il y a eu une espèce d'étincelle. Je crois au coup de foudre en amitié. C'en était un.

Je n'étais pas très expansif ni démonstratif mais mon émoi ne lui a certainement pas échappé. Je n'en revenais pas de voir cette femme mondialement célèbre s'intéresser à moi. J'ai donc partagé cette soirée avec elle, puis d'autres ont suivi ; elle ne semblait pas vouloir m'abandonner. Pour les besoins de l'écriture, je revenais la voir régulièrement. Je lui avais écrit plusieurs chansons avec Christian Arabian. De la vraie dentelle ! Mais la maison de disques, Philips à l'époque, n'en avait retenu que deux : *La Fille de paille* et *Je voudrais perdre la mémoire*.

Je voudrais perdre la mémoire
Te rencontrer une seconde fois
Et te dire au revoir
Avoir un rendez-vous dimanche
Le cœur battant
En déguisant ma voix
Sans montrer patte blanche

Ça, c'était le style Bardot, côté Madrague ! La complicité avec Christian avait fonctionné à merveille. Quant à *La Fille de paille*, écrite avec Franck Gérald, c'était la chanson qui collait le plus au personnage de fofolle ; l'image que l'on avait d'elle à cette époque. Elle mettait en valeur ses points faibles. BB pouvait jouer avec grâce et féminité de ses défauts. Presque quarante ans plus tard, je me suis aperçu que *La Fille de paille*, désormais chez Universal, poursuit gentiment sa carrière. Je touche encore des droits d'auteur pour cette chanson.

Nous étions donc en affaire et en amitié, Brigitte et moi. À partir de ce moment-là, bizarrement, il y avait toujours chez elle, lors de mes visites, un journaliste ou un photographe. Coup de chapeau à la délicatesse et à la finesse de Brigitte. C'est ainsi que j'ai fait la connaissance de son photographe attitré, Jicky Dussart. Jicky ressemblait à un aventurier, un peu à la Kessel. Avec une délicatesse inouïe, Brigitte me permet tout naturellement d'entrer dans son clan. Elle me fait une petite place... avec un cœur grand comme ça. Je n'ai pas l'habitude de ces traitements de faveur, alors je les apprécie d'autant plus à leur juste valeur. J'observais Jicky tandis qu'il sortait le parfait arsenal du photographe professionnel. Toute cette mise en scène était fort bien amenée. Je n'y ai vu que du feu ! Installée lascivement sur son canapé, Brigitte se tournait opportunément vers moi, tout en écoutant la chanson que je lui soumettais en ne perdant pas de vue l'objectif. Du travail de pro et ce, dans la discrétion la plus totale. Pendant ce temps-là, Jicky Dussart mitraillait. Les jours suivants, je me retrouvais dans *Paris Match* ; l'article mentionnait la présence d'un jeune auteur-compositeur que Brigitte Bardot allait lancer. Quelle classe !

Elle ne m'a jamais dit : « Gérard, je vais t'aider. » C'est tout juste si elle ne m'a pas demandé l'autorisation d'immortaliser notre séance de travail. Je crois qu'elle m'a juste précisé : « Tu sais, mon ami Jicky est reporter, ça ne t'ennuie pas qu'on fasse une photo ensemble ? » Moi qui me réfugiais souvent dans un monde imaginaire, je rêvais tout éveillé et, dans mes songes les plus fous, je n'aurais pas osé imaginer vivre pareille scène. J'ai saisi, à cet instant, l'élégance innée de cette femme généreuse. J'ai découvert un être plein d'humanité. Plein de tendresse.

Brigitte avait le chic pour recevoir sa bande à la bonne franquette ; elle ne se lançait pas dans des recettes culinaires élaborées. Le simple fait de la voir, dans cette cuisine ordinaire, nous bricoler des spaghettis, c'était une véritable œuvre d'art. Je la regardais, bouche bée, verser les pâtes dans un égouttoir... c'était du grand spectacle. C'était Cecil B. De Mille ! C'était *Ben Hur* avec les chars, les figurants, les orchestres symphoniques, tout ! Bardot, c'était la magie, la volupté et, surtout, la grâce absolue. J'étais, comme tant d'autres, happé par son charisme et touché aussi par sa fragilité, perçue par moins de monde ! Une actrice de cette dimension était pourtant à la merci des prédateurs, des indélicats. Je sentais qu'au moindre chagrin d'amour, au moindre geste ou mot blessant, elle pouvait s'effondrer comme un château de cartes. Elle paraissait forte mais, comme tous les êtres hypersensibles, elle était sur la défensive. Nous, les fragiles, quand nous nous sommes confiés, la trahison peut nous être fatale. C'est le déséquilibre, le chaos. Je connais bien ce terrain-là.

À nos rencontres parisiennes ont succédé les parties de campagne. « Ce week-end, je vais à Bazoches ; cela me ferait plaisir que tu viennes ! – D'accord ! » Je suis libre comme l'air et je ne me fais pas prier. C'est au cours de ce week-end champêtre que je fais la connaissance de Sueva. Ouah. Un chef-d'œuvre tout droit venu d'Argentine. Pour être exact, je devrais dire : c'est au cours de ce week-end champêtre que je tombe à la renverse, frisant l'arrêt cardiaque, devant ce canon de beauté. Sueva était une vraie star, elle aussi ; Brigitte ne confiait à personne d'autre le soin de shooter ses photos de nus. Plus qu'inspiré, j'étais, comme on dirait aujourd'hui, bouleversifié, scotché, amoureux grave. Cette belle plante d'un mètre quatre-vingts me faisait tourner la tête et le cœur. Plus tard, avec la complicité de Franck Gérald, nous avons écrit *Sueva* en hommage à sa beauté fatale. Le verdict nous fut fatal, lui aussi. Je me demande si on a vendu quatre disques !

J'ai répondu avec enthousiasme aux invitations de Brigitte ; j'étais presque devenu un intime. L'hiver approchait. « La semaine prochaine, nous partons pour Meribel. Tu viens avec nous ? » Je ne pouvais tout de même pas passer ma jeunesse à courir derrière Brigitte comme un toutou ! J'avais mon chemin à faire. Et il y avait du boulot, malgré son aide précieuse et ses encouragements.

J'ai revu, par la suite, Jicky et son épouse que j'adorais. Comme Brigitte, ils ont fait partie de ma vie à un moment donné et m'ont, eux aussi, offert leur amitié. Ils ont beaucoup compté pour moi et ils n'en ont rien su. À Brigitte, qui a beaucoup fait pour moi, je n'ai pas su dire merci ! Le temps a passé ; plus les semaines, les mois, les années s'écoulaient, moins j'osais. Je n'osais plus du tout. Nous ne nous sommes jamais revus. Par ma faute.

Plus tard, bien plus tard, au milieu des années soixante-dix, ça marchait très fort pour moi. Je sillonnais la France. L'occasion d'aller à Saint-Tropez a fini par se présenter. Et, forcément, j'ai eu une pensée émue pour Brigitte. Bien sûr, j'avais son numéro de téléphone à la Madrague. Comme un handicapé que je suis, je me suis laissé bouffer par la gêne. La peur de déranger. Pourquoi irais-je l'enquiquiner ? La fuite, toujours la fuite ! Je n'ai pas d'excuse.

Philippe Bouvard non plus n'a jamais su ce que je pensais de lui. Il ignore que je lui serai toujours reconnaissant de ces moments de complicité partagés dans *RTL non stop*, l'émission qu'il animait chaque après-midi. J'étais logé à la même enseigne que ses autres « victimes », mais il me gratifiait, à chacun de mes passages, d'un petit bonus. Il me charriait, avec sa verve et sa malice habituelles, sur mes relations avec BB. Il est vrai que de connaître Brigitte Bardot, même en tout bien tout honneur, cela en faisait fantasmer plus d'un ! Nous n'avons jamais pu conclure une seule émission sans un « Et comment va Brigitte Bardot ? », question ponctuée des rires du public, des invités et des techniciens. Lors de ma deuxième ou troisième émission de radio, je le croise dans les couloirs de la station et il me lance : « Vous irez très loin, vous, parce que vous êtes intelligent. » De la part de celui que je considère comme l'un des cerveaux les plus aiguisés, j'accepte le compliment. J'appréciais ces parties de ping-pong verbal. Philippe m'a ensuite régulièrement convié sur ses plateaux de télévision. Sa fidélité était indéfectible.

Dans son émission, *Dix de der*, il y avait une séquence qui s'inspirait du mode interrogatoire de police : une lampe dans les yeux et mitraillage de questions auxquelles on ne pouvait répondre que par oui ou par non... qui en a inspiré plus d'un depuis ! Le stress me perturbait un peu, mais s'il n'y avait eu que ça ! Un jour, il me reçoit en même temps que le champion du monde de trampoline. Le fameux athlète est annoncé et commence son numéro... périlleux. Il retombe aussitôt à plat, dans un bruit sourd que je ne suis pas près d'oublier. Un silence de mort – c'est le cas de le dire – s'est abattu dans le studio. Les regards étaient figés et détournés du plateau où se déroulait le numéro. Personne n'avait envie d'assister à un drame... Philippe Bouvard, très pro pourtant, avait du mal à reprendre ses esprits. Du coup, il me passe le flambeau en enchaînant sur moi. Quand je revois les images aujourd'hui, j'avais l'air décomposé, un vrai fantôme. Pour tout arranger, je n'étais pas dans une forme olympique, ce jour-là. Une toute récente opération de polypes sur les cordes vocales m'avait laissé un peu sur le carreau. De plus, je devais interpréter *Et moi je chante* en direct, pour la première fois. Une chanson inchantable ! Je ne voulais pas décevoir le bonhomme que je savais exigeant. Nous étions tous sonnés par l'accident de notre ami qui s'en est sorti par miracle. C'est la seule fois où Philippe a oublié de me demander des nouvelles de Brigitte Bardot... Je n'ai pas eu le loisir de dire à cet homme toute mon admiration, car ma timidité m'empêchait d'aller vers les êtres qui, comme lui, m'ouvraient ou m'entrouvraient leur porte.

Ne pas dire, ne pas se lâcher, ne pas se déclarer, ne pas être tout simplement, cela m'a joué des tours et empoisonné l'existence. Des amours me sont probablement passées sous le nez ; des amitiés, des rencontres professionnelles précieuses auraient pu se nouer et m'apporter beaucoup. Mais moi, je me demandais toujours ce que je pouvais bien apporter aux autres. La relation ne pouvait s'établir qu'à sens unique. Ce blocage devenait presque une malédiction. C'est un peu ce qui m'est arrivé avec Alain Delon. Un loupé d'une tout autre nature. Mais un loupé quand même.

J'étais encore ce que l'on appelait « un artiste prometteur ». Eddie Barclay, en bon pro, avait écouté attentivement mes premiers disques. Un jour, il me fait appeler par sa fidèle secrétaire. Aussitôt, je reconnais la voix traînante du patron : « J'organise une soirée en l'honneur d'Alain Delon. Est-ce que tu veux venir ? Tu sais, il y aura du bon bordeaux, celui que tu aimes bien, La Conseillante ! »

Et moi, toujours avec mes semelles de plomb, je me rends à la soirée. Ravi mais pas très à mon aise. Qu'allais-je faire dans cette galère ? Après être resté un bon moment dans mon coin, je déambule dans l'appartement et je découvre une sorte de boudoir très cosy. D'un seul coup, je vois Alain, pas follement à l'aise non plus, faire irruption dans la pièce, visiblement étonné de ma mise à l'écart volontaire. Nous commençons à parler à bâtons rompus. Le personnage m'avait toujours intéressé. J'ai découvert le bonhomme tel que je l'avais toujours perçu sans jamais l'avoir rencontré. J'aime bien ne pas me planter, j'aime bien la sensation de « reconnaître » quelqu'un.

Aimer ou pas un de ses films n'était pas le plus important. Delon me plaisait. Un vrai mec, comme je les aime, droit dans ses bottes et qui s'assumait pleinement. Comme avec Bardot, j'ai affaire à un artiste qui a une sacrée présence. Pas de fragilité, du moins en apparence ; pour cela, il faudrait gratter un petit peu. Étonnamment, ce jour-là, une grande humilité se dégageait de lui. Pas de fausse modestie ! La modestie flirte de trop près avec le machiavélisme. C'est un trucage. L'humilité ne se fabrique pas, c'est un état, une manière d'être. Cela dénote une intelligence innée et beaucoup d'instinct.

Nous avons ainsi partagé un petit moment vrai et précieux. Puis Eddie nous a rejoints, sans doute inquiet de la disparition soudaine et prolongée de son invité d'honneur. « Alors, on fait bande à part ? Eh bien, je vois que vous avez fait connaissance. » « Eh bien, oui, effectivement ! » ai-je répondu. S'il comptait sur moi pour relancer le débat, provoquer les opportunités, me placer, il se fourvoyait. En fait, Barclay avait en tête l'excellente idée de proposer à l'acteur des chansons que j'aurais pu lui écrire. Des années après, Delon a interprété, avec le succès que l'on sait,

Paroles, paroles, avec Dalida. Un petit bijou pour un cabotin enchanteur.

Barclay a eu bien de la constance en m'invitant à cette soirée car notre toute première rencontre avait été un sacré bide. De mon fait, est-il besoin de le préciser ? Quand je rentre du Club Med à Paris pour m'installer, un temps, rue La Fontaine avec Catherine, je décroche un rendez-vous avec Jean Fernandez, le directeur artistique d'Eddy Mitchell chez Barclay ! Ce n'était pas rien.

La veille, mon amie et moi faisons une petite halte dans un restaurant self-service de la rue Montmartre avant de nous rendre au théâtre. Dans la salle, des insultes fusent : « Regarde-moi cette pédale ! » Je mets un temps à comprendre que ces loulous mal embouchés me cherchent des noises. Il faut dire que je sortais tout droit de chez le coiffeur et de la boutique Renoma. J'avais les cheveux longs et le look chochotte très XVIe. À leurs yeux, je ne devais pas faire très viril, ainsi accoutré. Mais la mode de l'époque dictait sa loi. Je quitte donc aussitôt la file d'attente, délaissant mon plateau, pour me diriger vers leur table : « Qu'est-ce qu'il y a ? Quelque chose ne va pas ? – Ah ! non. Rien ! Tout va bien ! » L'incident est clos. Je reprends ma place dans la file. Notre en-cas avalé, nous nous apprêtons à regagner le théâtre. Au moment où je passe les portes battantes du restaurant, une cascade de coups s'abat sur moi. Les coups, je connaissais, mais j'avais un peu perdu l'habitude. Nez esquinté, pied cassé. Les voyous qui m'étaient tombés dessus ne m'avaient pas raté. Personne n'a bougé, comme de bien entendu, sauf Catherine, qui n'avait pas froid aux yeux. Une sacrée bagarre ! J'en ai pris plein la gueule. Et elle aussi.

Je n'ai aucune aptitude pour la castagne. Je suis incapable de frapper quelqu'un. Et, de toute façon, il n'était même pas question d'essayer de se défendre dans un combat aussi inattendu qu'inégal. J'ai bien vu des képis parmi les badauds, mais eux n'ont pas dû me voir !

Au lieu d'assister au spectacle, je me suis rendu aux urgences me faire plâtrer la cheville. Il n'était plus question que je débarque le lendemain chez Barclay à cloche-pied me montrer en jeune et beau chanteur... amoché. Je focalisais sur cette imperfection qui allait attirer l'attention du directeur artistique et ce, au sens négatif du terme. Allez savoir pourquoi je m'étais mis pareille sornette en tête ! Si j'avais été un peu materné, si j'avais appris à vivre avec les accidents de la vie, j'aurais peut-être accepté mon handicap momentané. J'en aurais ri probablement. J'ai donc découpé le plâtre avec une paire de ciseaux de manucure prêtée par Catherine. Cela m'a pris toute la nuit. Je passe la souffrance sous silence...

Arrivé en claudiquant avenue de la Grande-Armée, je suis invité à poireauter. Dans les bureaux de Barclay, il était de coutume d'attendre. D'attendre très longtemps. Débutant, estropié, mais pas patient. Je souffrais le martyre et je n'étais pas d'humeur. Et puis, j'avais mon petit caractère ! Au bout d'une heure, j'en ai ma claque et je me prépare à rejoindre Catherine qui m'attend en bas dans sa voiture pour ramener l'éclopé au bercail. Et quand Jean Fernandez vient enfin me chercher, je ne cache pas ma façon de penser : « Ça a été un peu long. Je dois y aller. Au revoir ! » Après ce chassé-croisé, je ne juge pas opportun de retourner à l'hôpital pour me faire plâtrer de nouveau ; je garde des séquelles de cet épisode qui a tourné court. Un de plus. Je n'ai pu que me féliciter d'avoir fait d'une pierre deux coups ce jour-là ! Me bousiller le pied à vie et me griller auprès de la maison Barclay.

Quand le titre *Et moi je chante* est sorti, Évelyne, la secrétaire de Jean-Jacques Souplet, me communiquait régulièrement des messages de Pascal Jardin. Et moi, dégourdi de la Onzième, je ne voyais pas de qui il s'agissait ! Je n'étais pas souvent à Paris car ça commençait à sourire pour moi. À bien rigoler même ! Mais, devant l'insistance de mon mystérieux interlocuteur, je me décide à le faire appeler. Par pure courtoisie.

« Je voulais simplement rencontrer le type qui a écrit ce refrain "Et moi, je chante, je chante, je ne sais faire que ça, je chante, de tout mon désespoir je chante, je suis heureux...". – D'accord ! – Nous pourrions nous voir à L'Aventure ? – Bien sûr ! » J'ai accepté sans grande conviction. Visiblement, il savait qui j'étais mais je ne pouvais pas lui retourner le compliment. De plus, L'Aventure était un lieu branché ouvert par la chanteuse Dani. L'endroit était toujours bondé et donc peu propice aux vraies conversations. L'ambiance ne se prêtait pas aux échanges, on pouvait facilement serrer cent cinquante mains dans la soirée. Ma timidité s'accommodait bien de ce choix. Au fond de moi, j'aurais préféré – sans oser le formuler – le rencontrer dans un autre endroit. Aujourd'hui, sachant qui était ce monsieur et connaissant son œuvre, je suis persuadé qu'un fructueux contact se serait établi. En fait, je le connaissais, j'avais vu *Le Vieux Fusil*, mais je n'avais pas fait le rapprochement. Ce rendez-vous avec Pascal Jardin a été un immense loupé. De même, je ne me vanterais pas d'avoir laissé les appels de René Barjavel sans réponse. J'étais pris dans un tel engrenage que je n'arrivais plus à me suivre. L'écrivain m'avait contacté par l'intermédiaire de *Hit Magazine* car il souhaitait écrire pour moi. Je n'avais pas conscience de ce qu'il représentait. Barjavel, qui c'est ? Je l'ai su plus tard. Trop tard. Là encore, mon inculture a joué un rôle néfaste.

Nous aurions effectivement pu faire un bout de chemin ensemble parce que nous avions un univers en commun. Comme j'aurais aimé travailler avec des êtres de cette qualité ! Comme j'aurais aimé « complicer » avec Jardin, Barjavel et tous ceux qui sont venus vers moi et que je n'ai pas « reconnus » à temps. Si j'avais été un peu moins timoré, je me serais nourri à leur contact. Ah ! si j'avais connu Marie... À l'époque, on m'aurait présenté Molière, je l'aurais raté.

Il est aussi des rendez-vous que je ne rate pas à proprement parler mais qui ne se déroulent pas de la manière escomptée. Le face-à-face de deux grands timides peut déboucher sur un dialogue de sourds. Ainsi, le souvenir de ma conversation plus que succincte avec Georges Brassens reste-t-il fort et plutôt amusant. Il venait de sortir un album qui marchait du tonnerre de Dieu, comme il l'aurait dit lui-même. Moi, j'avais le vent en poupe avec *Les Matins d'hiver*. C'était en 1972. Nous étions tous les deux numéros 1 dans les classements en alternance. Noble adversaire !

Monique Le Marcis, directrice de la programmation à RTL, m'appelle : « Gérard, nous avons constaté que vous êtes en tête du hit-parade, en alternance avec Georges Brassens. Nous avons pensé que la confrontation de deux générations serait intéressante. Il réinvestit Bobino, son fief. Nous vous proposons d'assister à son spectacle ; ensuite, nous vous conduirons à sa loge. »

Là, tout de même, j'ai accepté ! J'adorais Brassens. J'étais très petit lorsque j'ai vu *Porte des Lilas*, le film de René Clair, où Brassens campait un Gitan qui grattait la guitare dans les bistros. Jeanine avait dû se dévouer pour m'emmener à la séance de l'après-midi, dans un cinéma de quartier, comme je le chanterai dans *Bonjour les petits enfants*, chanson écrite avec mon ami et frère de cœur, Maurice Vidalin. Nous avons connu les mêmes douleurs. Lui, dans un milieu aisé, moi dans le mien. C'était la seule différence entre nous.

Je connaissais toutes les chansons de Brassens sur le bout des notes. Je dois une fière chandelle au poste de radio de mon enfance et à ma mémoire d'éléphant. Je connaissais donc bien son univers mais je ne connaissais pas l'homme sur scène. J'avoue que je craignais de m'ennuyer un peu.

Installé dans mon fauteuil, face à la scène, je découvre l'environnement cher au poète : son verre d'eau, son bassiste et sa guitare. Je le vois apparaître, l'œil si particulier, à la fois noir et coquin, libérant cette fameuse étincelle. Habillé au décrochez-moi ça, ce fameux négligé savamment étudié, l'air faussement gêné – cela faisait partie de son personnage – timide, sans l'être vraiment. Présence magistrale ! Je craque.

Et d'un seul coup, le bougre arrête de chanter. Je n'en revenais pas. Et j'étais même agacé, pour ne pas dire outré, qu'une pointure pareille se moque ainsi des spectateurs. C'est tout ? Il exagère, quand même ! Je ne peux m'empêcher de faire ce commentaire à Monique qui m'avait convié à la soirée. « Mais enfin, Gérard, cela fait deux heures et demie qu'il chante ! » Je n'avais pas vu le temps passer.

Le dialogue, pauvre, j'en conviens, qui a suivi dans la loge est indigne de la plus minable série B. « Bonsoir. Je suis un grand admirateur... Vous ne me connaissez pas, mais... – Mais si, mais si, je sais ce que vous faites... Merci, c'est gentil... » J'étais fasciné par sa prestation et c'est avec ces quelques mots insipides que je l'ai félicité.

Brassens pratiquait le culte de l'amitié. On se souvient de son fameux credo : « Les copains d'abord ! » Comme je l'enviais ! Comme j'aurais aimé connaître ça ! Je ne l'ai pas vécu dans mon enfance et l'amitié, cela ne s'apprend pas tout seul. Au sortir de l'adolescence, pressé de quitter la maison, je n'avais pas d'avenir, mais surtout je n'avais pas de présent et pas d'histoire ! Les codes, les usages, les manières les plus élémentaires, qui vous les enseigne ?

Je n'étais pas apte à vivre des situations du quotidien et je ne le suis toujours pas. Je suis le genre de type qui ne sait pas poster une lettre, un colis et encore moins un recommandé. Qui peut le croire ? Marie s'en amuse beaucoup et parfois elle décide de m'envoyer tout de même à la poste. Je m'inquiète aussitôt. La panique me guette. Dieu merci ! Je me suis beaucoup amélioré dans ce domaine, ayant la chance d'habiter un quartier où les employés sont particulièrement accueillants et compréhensifs. Ils ont dû sentir mon désarroi !

Imaginez qu'à vingt-cinq ans, je ne savais pas acheter une paire de souliers. J'avais fait rire aux larmes l'adorable C. Jérôme. « Mais Gérard, ça se voit comme le nez au milieu de la figure que tu ne sais pas t'y prendre ! Tu es le genre de pigeon idéal à qui un vendeur peut refiler le nanar qui n'a plus de couleur et qui prend la poussière depuis deux ans dans l'arrière-boutique. C'est du Fernand Raynaud ! » Avant d'être chanteur, Claude avait travaillé dans un magasin de chaussures. Il savait de quoi il parlait. Il avait vu juste. J'avais le bon profil : celui du couillon de service. C. Jérôme avait deviné ma maladresse et nous en avons longtemps ri tous les deux. Croiser la route, malheureusement si courte, de ce vrai gentil, fut un plaisir et un réconfort. Lui non plus n'a jamais su combien je le portais dans mon cœur ! Il se moquait affectueusement de moi pour les chaussures, mais il aurait eu tellement d'occasions de me mettre en boîte. Quand j'ai été un peu connu, donc un peu plus argenté, j'ai dit adieu aux années sandwichs ! J'ai découvert la gastronomie à travers les meilleurs restaurants de France. Sur la route des tournées, j'ai développé de belles amitiés parmi les plus grands chefs. Je n'ai jamais utilisé ma notoriété pour me faire régaler. J'ai toujours réglé mes additions et j'insiste pour qu'il en soit toujours ainsi. Indéniablement, être connu ça aide ; le personnel devance vos désirs et vous n'avez plus qu'à vous laisser guider. Je n'en demande pas plus ! Et je dis merci.

Avec Yves Mourousi, comme avec C. Jérôme, nous avons partagé des moments de franche rigolade ! Ma première rencontre avec Yves n'était pas loupée, celle-là. Je devrais plutôt dire que le journaliste ne m'a pas raté. C'est grâce à lui si j'ai attrapé la manie de protéger souvent mon oreille de ma main, à la manière de Gilbert Bécaud. C'est, du reste, un geste naturel chez tous les chanteurs qui ont besoin d'entendre leur oreille interne.

Yves m'avait remarqué dans *Hair* et m'avait invité à passer dans son émission de radio. C'était à côté de Saint-Tropez ou à Saint-Raphaël, je ne sais plus. Quelque part sur la Côte. La journée promettait d'être décoiffante. Yves était connu pour être un sacré déconneur. Nous nous retrouvons vite à faire les zouaves dans une piscine. Nous commençons à chahuter et Yves me maintient la tête sous l'eau. Doucement, d'abord, mais comme je me débats, il appuie de plus en plus fort et me pousse avec les pieds. La pression fait exploser les deux tympans. Il ne pouvait pas deviner que mes otites à répétitions m'avaient fragilisé. Je suis ressorti de l'eau avec l'étrange sensation d'être dans le coton. Je n'entendais que certaines fréquences basses. Je pensais que cet inconfort serait passager et je passais mon temps à m'isoler pour tester mon acuité auditive que je ne recouvrais pas. En fait, j'entendais, en permanence, des vibrations même lorsqu'il n'y avait plus de bruit. Je devenais dingue. J'étais en tournée et je devais donc assurer tous les soirs. Il n'était pas question que j'annule. Je ne sais pas comment j'ai fait, mais j'ai chanté. Je n'avais pas d'autre solution que de souffrir et d'assurer mes deux cents concerts annuels !

Chanter passait avant tout ! Je n'ai jamais annulé un spectacle de ma vie. Si je ne monte pas sur scène le jour dit, c'est que je suis mort. Cela m'est arrivé une seule fois de manquer un rendez-vous. Tranquillement installé devant mon poste de télévision, en Corse, entre deux concerts, j'entends tout à coup Guy Lux annoncer : « Nous attendons notre ami Gérard Lenorman qui va bientôt nous rejoindre pour nous interpréter... » Je n'attends pas la fin de sa présentation pour bondir sur le téléphone ; j'appelle les studios à Paris et je m'entretiens avec un collaborateur de Guy. En fait, la personne chargée de noter les dates de mes passages télé avait mangé la commission.

Je chantais donc dans des conditions pénibles, mais je chantais. Ma tournée de chanteur se doublait de la tournée des ORL. Drôle de tour de France ! À Colmar, je tombe sur un praticien quasiment criminel : « Dans quinze jours, vous êtes sourd. » Le jour où j'ai entendu ça, j'aurais aimé avoir, comme James Bond, le permis de tuer. Quelques jours après, à Nice, Patrick, mon fidèle et pugnace secrétaire, cherchait le médecin qui me sortirait de cette impasse. Il trouve un spécialiste à la retraite qui accepte de m'ausculter un dimanche. Après avoir écouté le descriptif de mes symptômes, je le vois disparaître et revenir de sa cuisine avec... un œuf. Je me dis : « Là, on est mal ! Après le salaud de

Colmar, j'ai affaire au fou de Nice ! » Le médecin ne prête guère attention à mon air incrédule, il casse l'œuf et tire délicatement la petite membrane de la coquille pour me l'appliquer au fond de l'oreille. Il réitère l'opération sur la seconde oreille. Là, je comprends tout. C'est la délivrance. La résurrection. « Voilà, monsieur Lenorman ! Vous avez retrouvé des tympans provisoires. De plus, cette petite manipulation va accélérer leur régénération. Vous allez voir ! » Entendre, tout au moins !

Cet homme m'a sauvé la vie. Là encore, je nourris des regrets : bien sûr, il n'est plus de ce monde, compte tenu de son âge quand je suis allé le consulter, mais je ne lui ai pas écrit un petit mot alors qu'il était encore temps. Ce n'est quand même pas normal de ne pas oser dire merci.

De toutes les brèves rencontres que je garde au cœur, celle avec Bruno Coquatrix restera à jamais dans ma mémoire. Au printemps 1979, je me produis dans son magnifique Olympia, le temple de la chanson française – je n'en démords pas. Bruno me convie à déjeuner chez *Prunier* pour que nous fassions connaissance. Je suis impressionné et reconnaissant qu'il me traite comme un prince, moi qui ne suis pas grand-chose. J'ai tant à apprendre ! Je l'écoute me parler avec simplicité et classe – ces mots sont souvent synonymes – de grands vins et de gastronomie avec cette bonhomie que lui connaissaient ses proches. Il m'initie, mine de rien, aux plaisirs raffinés de la table. Il m'éduque. Comme un père le ferait avec son grand fils. Son regard bienveillant et son attitude paternelle me touchent plus que je ne saurais l'exprimer ; je suis tellement en demande. Cet homme-là aimait non seulement les artistes, mais il aimait ses semblables. Et ne faisait pas semblant. J'aurais voulu prolonger ces instants vrais. En vivre d'autres. Beaucoup d'autres. Mais Bruno Coquatrix a tiré sa révérence le soir de mon dernier tour de chant. Je ne peux m'empêcher de penser qu'il a attendu les rappels pour s'éclipser. Pas question d'interrompre la magie du spectacle pour lequel son cœur a battu toute sa vie. C'est avec noblesse et élégance qu'il est parti vivre une autre vie, là-haut, son éternel cigare aux lèvres.

Un air de famille

Les pires mensonges sont ceux
que l'on dit en silence.

Depuis que j'ai quitté la maison, je n'ai pas revu Dominique, ma demi-sœur, la fille de Madeleine et d'Hubert. J'ai largué les amarres sans désir ni intention de me retourner. Je n'en suis pas fier, bien sûr, car ma négligence envers elle me renvoie forcément à mon égoïsme, voire à une certaine forme de lâcheté. Me défaire du carcan familial n'a pas été une tâche aisée. Y replonger ne me tente pas du tout. Ce mal de vivre est un peu la marque de fabrique des Lenormand, il détruit à petit feu les membres de la famille. Loin des yeux, loin du cœur. Je l'avoue sans vergogne : je me tenais à distance. Pour préserver ma santé morale et physique encore bien trop fragile à l'époque. J'étais rescapé d'un cercle infernal et je ne voulais pas y retourner. J'étais tombé – à dessein – du nid douillet des Aumard-Lenormand qui ne l'était pas tant que ça !

Je savais Dominique malheureuse. Madeleine l'a cassée, rejetée. Tiens, ça me rappelle quelque chose ! Mais ne dit-on pas que l'histoire est un éternel recommencement ? J'aurais pu, j'aurais dû l'aider à sortir de son enfer ; enfer que je connaissais trop bien. Ensuite, le temps a fait son œuvre. Il a creusé un sillon si profond entre nous que nous nous sommes éloignés l'un de l'autre, laissant se détériorer la situation. Et, depuis, les échanges fraternels sont quasi inexistants.

Ma sœur était une femme brisée. Moi, j'avais jeté l'opprobre sur ma mère. Mais Dominique, elle, qu'avait-elle fait pour mériter pareil traitement ? Elle non plus n'était pas programmée pour exister. De quel droit ? Elle était totalement légitime, pourtant. Une vie ratée. Encore une ! En donnant trois petits-enfants à notre mère, ma sœur n'avait pas réussi à l'entraîner sur le chemin de l'amour filial. C'était sans espoir.

Lors de mon premier Olympia, Patrick, mon secrétaire, était venu me trouver pour me faire part d'un fait inattendu. « Il paraît que, ce soir, votre père était dans la salle. » Gloups. Toujours d'après Patrick, il semblait que mon supposé père soit venu assister au spectacle et qu'il soit reparti incognito. « Très bien. Écoutez, Patrick, si cette personne qui prétend être mon père veut me rencontrer, qu'elle fasse la démarche. » Divagations ? Mensonges ? Affabulations ? Je n'y croyais pas, au père repentant ou repenti ou simplement désireux de voir sa progéniture, quelque trente-cinq ans après. Patrick n'est plus là pour me fournir les détails que j'avais d'ailleurs toujours refusés. Je fuyais ce genre de révélations surprises, nées on ne sait comment et colportées par on ne sait qui.

Un jour, j'ai reçu un courrier émanant d'un mystérieux intermédiaire qui « savait ». Était-ce un fan ? Un fou ? Un habitant de Turqueville ? De Saint-Pétersbourg ? Je n'en ai aucune idée. Dans mon – vague – souvenir, il s'agissait d'un natif de Normandie qui avait dû croiser des témoins du « scandale ». Mais l'histoire relatée par des gens qui prétendent connaître l'histoire et la racontent à d'autres qui la rapporteront à leur tour, très peu pour moi. Je n'avais nulle envie de me fourvoyer là-dedans. J'ai toujours veillé à éviter tous ceux qui pouvaient ou désiraient m'apprendre quelque chose qui ne soit pas étayé par des indices tangibles. J'effectuais un gommage systématique. Je ne voulais pas m'arrêter à des on-dit.

Mais c'était troublant et, j'en conviens, cela me troublait. D'un côté, je brûlais d'envie de résoudre l'énigme. Et de l'autre, la peur et le refus de savoir s'imposaient à moi. Ma petite voix intérieure me suggérait donc la prudence. C'était une vraie forme de protection ; mon instinct de survie prenait le relais.

Et puis ce sont des hontes qui resurgissent. Des hontes qu'il faudra peut-être évoquer pour la énième fois. Et puis ce sont des peurs qui vrillent le ventre et le cœur. La peur d'être abusé et... anéanti. Si quelqu'un doit me raconter mon histoire, c'est à Madeleine de le faire. Mais je ne pouvais pas compter sur ce spécialiste de l'incognito. Aller à la source moi-même, je n'en étais pas capable. J'étais trop fragile pour risquer de perdre pied. Mais ces bribes d'informations m'ont secoué les tripes et mis la tête à l'envers. « Qu'est-ce que tu vas faire, Gérard ? » Je n'ai pas tergiversé longtemps. Rien. Surtout ne rien faire. Quand les émotions me submergent, elles me glacent les sangs au sens propre du terme. Je suis transi de froid. J'ai assez d'entraves comme ça. Merde ! Je trimbale des boulets aux pieds, aux mains, au cœur. Un vrai bagnard.

Depuis que je connais Marie, je n'ai plus jamais froid. Elle m'a réchauffé et ce n'est pas une formule toute faite. Marie m'a sorti de mes neiges éternelles.

Je coulais des jours heureux au château de Corbeville, une somptueuse bâtisse du XIIIe siècle. C'était un endroit que j'adorais. Je me rappelle la salle de bains, majestueuse et insensée, installée dans une tour carrée. J'ai toujours eu le goût et la passion des belles pierres. Du plus loin qu'il m'en souvienne, les lieux, les beaux objets, la décoration m'ont attiré. Le sublime a très tôt guidé mes choix. Je me demande d'où peut bien venir ce goût inné pour l'esthétisme !

Je ne recevais pas souvent de coups de fil de Madeleine. Nos conversations téléphoniques annuelles se comptaient sur le doigt d'une main. Je décrochais rarement le téléphone et encore moins en fin de matinée – trop tôt pour moi –, mais là, pour une fois, j'étais réveillé, frais et dispos. Opérationnel.

« Allô, Gérard ? Je te passe ta sœur. » Madeleine ne s'embarrasse pas de paroles inutiles. C'est sec. Pour ne pas dire brutal. C'est comme ça. « Le temps ne fait rien à l'affaire », comme chantait Brassens. J'ai trente-cinq ans passés. J'ai fait une croix sur mon passé. Du moins, je m'en persuade.

Au bout du fil, je ne reconnais ni la voix ni le style de Dominique. « Bonjour... Je viens d'arriver chez Mme Aumard... » La voix est troublée, hésitante. « J'ai la confirmation que mon père, un soldat allemand, est bien le vôtre aussi... »

« Allô, Gérard ? Je te passe ta sœur. » Sans le moindre préambule, Madeleine vient de me jeter mon histoire à la figure. « J'ai déjà été en contact avec vous, souvenez-vous, mais vous n'avez pas donné suite... » C'est vrai, je n'avais pas donné suite. J'avais consenti à répondre à son courrier et à la rencontrer. Mais je ne lui avais pas caché mes réticences. « Je suis la fille d'Erich ; ce que m'a confirmé votre mère au vu des éléments que je lui ai fournis. » « Allô, Gérard ? Je te passe ta sœur. » Ma mère a un sacré sens du raccourci.

Sonné, démantelé, ahuri, j'écoute son impitoyable récit. Les mots me manquent, le souffle aussi. « Allô, Gérard ? Je te passe ta sœur. » Je reconnais bien là les manières expéditives de Madeleine qui, une fois de plus, se déleste de son encombrant colis. Je devine ses pensées. « Encore une qui vient me bassiner avec ça ! Je vais vous passer le principal intéressé. Vous allez parler de ça avec lui. »

C'était pourtant l'occasion rêvée pour amorcer la conversation. Mais, non. Je prends la nouvelle de plein fouet, un vrai coup de boule. « Tu la voulais l'histoire ? Eh bien, vlan ! La voilà. Débrouille-toi avec ça ! » Cela dit, Madeleine ne s'attendait probablement pas, elle non plus, à une telle nouvelle. La visite inopinée de la fille de son amoureux a dû la troubler, la peiner, peut-être. Madeleine n'avait donc pas été le seul béguin du beau soldat.

Nous discutons, ma « nouvelle » sœur et moi, hagards l'un et l'autre au bout du fil. Elle comprend ma réaction car elle-même se trouve en état de choc. Je lui confirme ma date de naissance. Elle commence, à haute voix, le compte à rebours mais elle est sûre d'elle ; elle a mené son enquête pendant des années. Une véritable Miss Marple. J'ai appris, depuis, que des associations et l'État allemand surtout ont aidé celles et ceux qui souhaitaient avoir des renseignements sur leurs origines. Et ce, dans les deux camps. Des fils de soldats français sont nés en Allemagne, ne l'oublions pas ! Je l'écoute mais je me rends compte que je suis en possession de bien maigres informations. Il faut dire que je ne suis pas enclin à poser beaucoup de questions. Ma curiosité n'est pas suscitée. Ou plus exactement, elle ne veut pas l'être. Souffrir encore, non merci. Entendre la vérité, toute la vérité, rien que la vérité, je n'étais pas persuadé que le jeu en valait la chandelle. J'étais bien décidé à en rester là. Apprendre d'où l'on vient à trente-cinq ans, n'est-ce pas un peu tard pour se reconstruire quand on n'y est toujours pas parvenu ? Ce n'est pas faute d'avoir essayé ! Je me doutais bien qu'un jour, une révélation de ce genre me tomberait dessus, la version du père américain ne m'ayant jamais convaincu. Mais les bruits et les rumeurs qui parvenaient jusqu'à moi, de temps à autre, n'étaient jamais fondés. Jamais d'informations précises, jamais de preuves à l'appui. Alors, je laissais courir et ça m'allait très bien comme ça.

Remuer le passé et raviver les blessures anciennes ne m'intéressaient pas. Pour les demandes et les réponses, c'était trop tard. C'est fou comme ma mémoire est sélective. J'ai beau faire des efforts, je ne me remémore pas le prénom de cette demi-sœur tombée du ciel. Il aurait pourtant dû se graver dans mon esprit. Je sais toutefois que c'est elle, ce jour-là, qui m'a appris que notre père s'appelait Erich et qu'il était musicien. Violoniste et chef d'orchestre, pour être précis. On a pu se demander longtemps d'où je tenais ce don pour la musique. Le mystère était élucidé. Tant mieux. Je n'étais plus le fils de personne. Tant mieux. J'étais le fils d'un artiste. Tant mieux. Cet homme m'a transmis le goût de la musique et du spectacle. De cet héritage-là, je n'allais pas faire fi.

Cette femme m'a frappé par sa droiture, son honnêteté. Sa belle âme. J'ai ressenti un être qui ressemblait de très près à ce que j'étais, moi, face à la vie. Je rends hommage à son courage, au travail minutieux et fastidieux qu'elle a entrepris et surtout à sa générosité. Je n'ai pas refusé sa main tendue mais j'étais trop chamboulé pour la suivre sur ce terrain-là. Elle m'a dit avoir rencontré notre père, là-bas, en Allemagne. Si je m'autorise à dire les choses crûment, il n'en avait rien à foutre !

Le lendemain de cet appel mémorable, qui a remis le sujet sur le tapis après trente-cinq ans de silence, je partais pour Berlin. Ce concert avait été programmé bien longtemps auparavant. Hasard ? Signe du destin ou volonté de Dieu ?

Pendant ce court trajet, j'écris dans l'avion, *Warum mein Vater*, « pourquoi mon père ».

Warum mein Vater
Traîne dans mon cœur
Warum mein Vater
Mon enfance pleure
Warum mein Vater
Mon enfance meurt

J'ai écrit cette chanson d'un seul trait. Pas de ratures, les mots s'alignent, s'imposent. À cela, une seule explication : trente-cinq ans de gestation. Quand la vérité éclate, c'est une détente, comme une libération. En même temps, c'est une perturbation, un cataclysme. On ne dort pas tranquille. On ne pense pas tranquille. On ne fait plus rien tranquille. C'était la première fois que je me rendais à Berlin.

La première fois où ma chanson est passée sur Europe n° 1, je me souviens du commentaire de la présentatrice, quelque peu déboussolée : « Quelle belle chanson ! Mais quel horrible titre ! » *Warum mein Vater*. Il se trouve que cette jeune femme qui ne connaissait pas l'allemand avait prononcé *vater*, « water » à l'anglaise et, dans le contexte de ma chanson, cela lui paraissait inopportun. À l'époque, j'ai dû me battre pour conserver ce titre. Ça n'a pas été facile. Mon entourage m'incitait à traduire le titre et même à le reléguer au rang de sous-titre. On me disait de faire attention. Était-ce de bon ton de chanter cette – unique – phrase dans cette langue ? On me conseillait la prudence. On m'affirmait que, de toute façon, personne ne comprendrait rien à cette chanson ! Le contentieux entre la France et l'Allemagne n'était donc pas réglé. Moi, je n'en démordais pas puisque c'était la seule note explicative de mon histoire. Il ne fallait pas exagérer. Tout le monde, en France, connaissait la fameuse chanson *Warum ?*, interprétée par Camillo, un acteur allemand qui en avait fait un succès mondial. Je l'avais apprise par cœur et phonétiquement au Club Med pour l'ajouter à mon répertoire, très éclectique. Mon accent à couper au couteau ravissait les vacanciers allemands. « *Ach !* Guerrarrtt. Trop *Komikkee.* » J'étais loin de me douter qu'un jour je manierais modestement dans une de mes chansons quelques mots de la langue de Goethe. On ne me l'a pas enseignée, contrairement aux autres membres de ma famille. Madeleine s'était mise à l'allemand sans fournir aucune explication. Mes frère et sœur, Éric et Dominique, l'ont étudié au lycée. Était-ce une volonté de Madeleine ou un simple hasard de circonstance : l'établissement où elle avait inscrit ses enfants possédait une classe d'allemand ? Je pencherais pour la première hypothèse. La logique aurait voulu que l'on m'initie à cette langue. J'avais toutefois hérité de son prénom, en troisième position sur la fiche d'état civil.

Madeleine avait tout de même eu l'aplomb de prénommer le fils d'Hubert Éric. Que se passait-il dans la tête de ma mère ? Toutes ces années, elle est restée enfermée dans un mutisme profond, mais il faut croire que cette femme n'a jamais oublié son amour de jeunesse. Moi qui ne pose jamais de questions aux autres, je m'en pose fatalement à moimême. Madeleine a-t-elle songé à leurs retrouvailles ? Madeleine a-t-elle rêvé au retour de son bel amant ? Quelque chose me dit qu'elle n'a jamais cessé de penser à cette éventualité. Elle avait tout de même fait l'effort d'apprendre sa langue. N'était-ce pas là une preuve d'amour ? De fidélité. Je suis tenté de le croire. Que ne l'a-t-elle dit ! Comment aurais-je pu résister à une histoire d'amour d'une telle force ? Et surtout à l'imparable vérité ? Quoi qu'on en dise, la vérité est toujours bonne à dire. D'une certaine façon, elle n'a jamais renié son attachement à cet homme. Et j'applaudis ! Je trouve ça craquant. Putain ! Il n'aurait pas fallu grand-chose... J'ai toujours été disposé à entendre la belle histoire de Madeleine. « Que reste-il de nos amours », chantait le poète Trenet. Eh bien, l'amour, justement !

Madeleine a beau sembler solide comme un roc, son silence a beau être de plomb, il laisse filtrer des signes qui ne trompent pas. Surtout pour un émotif invétéré comme moi. Elle s'est privée de tout. Elle s'est dépossédée d'elle-même, de moi. De toute forme de bonheur. Elle s'est cadenassée. Je ne trouve pas de mots pour décrire sa faiblesse et sa force ainsi que son acharnement à me faire payer. Son incapacité à vivre avec son passé m'aura bousillé. Tout au long de son parcours, que je devine douloureux, Madeleine n'a semé que chagrin et férocité autour d'elle. Tout au long de sa vie, elle s'est comportée comme un tyran. Elle n'a permis à personne de la secourir. Elle a refusé toutes les mains tendues. Le drame de sa vie, c'est de ne pas savoir recevoir. C'est un peu le mien, je le crains.

Si je n'appelle jamais Madeleine « maman », ce musicien qui m'a engendré ne m'aura jamais donné l'occasion de l'appeler « papa » avant de quitter ce monde. Marie m'assure que nous avons reçu, il y a quelque temps, un courrier stipulant sa disparition. Quand était-ce ? Je n'en sais rien. De qui émanait-il ? Je n'en sais rien. L'ai-je lu ? Je n'en sais rien. En toute honnêteté, je suis incapable de dire si mon géniteur est mort ou vivant. Ma mémoire n'en fait qu'à sa tête.

Pour moi, les notions de temps sont floues. L'idée que je me fais de la présence et de l'absence est toute personnelle. Celui qui est présent ne l'est pas forcément. Et il est des absences qui ont une putain de présence...

Les morsures de la honte

Je pense que l'on n'a jamais autant menti qu'à notre époque. Le plus grand mensonge de notre siècle, c'est la publicité. Jadis, elle était bon enfant ; on appelait cela de la « réclame ». Puis les publicistes sont arrivés et ont magnifiquement développé le concept pour transformer la publicité en art. Très rapidement, ils ont mis au point les plus grosses boîtes à mensonges du monde ! Aujourd'hui, c'est le règne de la loi du plus fort, la suprématie du marketing. Ce n'est pas celui qui fait le meilleur pain qui va en vendre le plus. Ce n'est pas celui qui fait la meilleure brioche, la meilleure sauce... Non. Les publicitaires ont détourné le sens de nos valeurs. À notre insu. Car il faut leur reconnaître un réel talent et une grande habileté à nous rouler dans la farine.

Au fil des années, la créativité des professionnels s'est aiguisée et le mensonge s'est fait plus subtil. Pour mieux nous perdre dans ses méandres et nous « récupérer » ensuite. Aujourd'hui, les spots flirtent avec le subliminal. Je ne supporte pas cette manipulation outrancière et pernicieuse. Je ne supporte pas cette intrusion dans nos cerveaux et cette tricherie permanente. Ça, c'est l'une de mes profondes révoltes. J'ai beaucoup de mal à « faire de la télévision » parce que les dés sont pipés d'avance. Je m'explique : la publicité est pensée pour ne rien laisser passer au travers des mailles du filet. Tout est étudié, décortiqué, calibré, lissé, aseptisé. Aucune place n'est laissée à la fantaisie, à la spontanéité, à la sincérité. À de rares exceptions près – merci, le direct – tout est verrouillé. Les plus petits gestes, les moindres détails sont passés au peigne fin, jusqu'à la couleur du bouton de la chemise. Les acteurs triés sur le volet sont impeccables, irréprochables et nous « vendraient » n'importe quoi. C'est d'ailleurs ce qu'ils font. La séduction opère de façon artificielle, certes, mais elle opère. Avouons-le, nous sommes séduits par la superbe créature qui nous vante les mérites d'une automobile ou de la téléphonie car nous sommes tous en quête d'esthétisme et surtout à la recherche d'un idéal. Face à l'excellence de la publicité, que pouvons-nous espérer, nous, les artistes quand nous nous présentons à la télévision ? Nous débarquons dans une émission avec notre gueule, notre chemise, nos mots. Nous ne récitons pas notre compliment appris par cœur. Nous n'avons pas répété notre texte. L'improvisation, c'est le contraire du marketing. À chaque fois que je suis sollicité pour une entrevue, je privilégie la sincérité. « Soyez gentil, vous me posez les questions en direct et je vous répondrai en direct. Je serai plus intéressant, plus riche et plus vrai en restant spontané. » Je déteste que l'on me soumette les questions au préalable. Ça sera ce que ça sera, mais au moins, ça sera vivant.

Mais je ne suis pas certain de faire le bon choix car, en protégeant le naturel, je me mets en danger. S'exposer de la sorte, c'est toujours prendre le risque de se casser la figure ! Je ne suis pas parfait. Je peux dire d'énormes bêtises. Je peux me tromper. Je peux si je suis agacé par le comportement d'un ou d'une invité(e) sur le plateau ou de l'intervieweur, péter un plomb. Le dérapage incontrôlé, ça ne pardonne pas. Et personne n'est à l'abri. Me retrouver face à la très exigeante culture du beau, du bien dit, du bien fait, je trouve ça pervers ; j'en éprouve un vrai écœurement. Imaginez la simple « ménagère », pour reprendre le jargon des professionnels, qui habite un modeste logis et voit défiler, à longueur de journée sur son petit écran, ces publicités où la vie, filmée pour la télévision, se conjugue au superlatif. Elle est éblouie par la créature de rêve qui lui vante les produits d'entretien Trucmuche, dans une maison qui tient plus du château que de la masure. Elle est subjuguée par la cuisine nickel-chrome aussi spacieuse que la galerie des Glaces du château de Versailles. Elle espère lui ressembler et elle fera tout pour. Personne, dans la réalité, ne vit comme ça. La cible est prise dans la nasse des publicitaires. Touchée. Coulée. C'est ainsi que l'on fabrique des gens mal dans leur peau. Très souvent, je regarde ces spots publicitaires et je m'interroge : « Où veulent-ils en venir ? » L'inconscient est troublé. On ne sait pas tout de suite ce que l'on voit. On a peur de ne pas comprendre. Ou plutôt de trop bien comprendre. Et après réflexion, on se réveille : « Mais ce n'est pas possible ! Ils en passent par là pour délivrer leur message ! » Les constructeurs automobiles figurent parmi les plus forts. Ils nous présentent une voiture qui n'a plus de voiture que le nom. En fait, c'est un être humain. Que dis-je ? C'est bien plus que cela ! C'est une pensée dont on ne peut ni ne doit se détacher. Vous ne possédez pas le véhicule en question ? Comment ? Mais vous êtes le dernier des cons ! Cette carrosserie symbolise la compagne idéale or vous n'êtes même pas capable de faire en sorte que cette créature de rêve tombe amoureuse de vous. Franchement, quel ringard vous faites ! Quand je subis ce genre de film, je me dis : « Non, mais je ne vais tout de même pas l'embrasser sur la bouche, cette putain de bagnole. » Je rejette le procédé en bloc parce que je me sens manipulé, violé. Je me sens victime – pas toujours consentante – du mensonge avec un grand *M*. Sur ces tricheries se construisent des fortunes colossales. Les entreprises les plus puissantes utilisent la publicité pour l'être encore davantage et les boîtes de pub prospèrent. C'est un cercle vicieux. Je hais les pubs pour le mal qu'elles peuvent nous faire, sous le fallacieux prétexte de nous faire du bien. Un maroquinier de luxe, qui a pignon sur rue dans le VIIIe arrondissement de Paris, a franchi les limites du bon goût dans sa dernière campagne publicitaire. Des mains avides, élégamment gantées, tentent d'atteindre un sac à main à la forme ô combien suggestive. Nous ne sommes plus dans le subliminal. Nous ne sommes plus dans l'élégance. Les idées manquent-elles aux publicitaires ? Je n'en sais rien. Mais je constate que le discernement leur fait cruellement défaut.

Je suis né de la honte. Je vis avec et dans la honte. J'ai honte d'être bien, honte de ne pas avoir à payer la misère des autres. Cela paraît bien pensant, mais je ne cherche pas à être politiquement correct ; j'éprouve juste cette gêne lancinante qui sait se faire aiguë, souvent, et se plaît à me torturer, parfois. Le monde tel qu'il est aujourd'hui me dérange. Nous savons pertinemment que vingt États modernes et puissants appauvrissent et écrasent les autres pays du monde. Nous n'en avons cure. Le Darfour ? Cela fait longtemps que cela se prépare ! J'ai honte de ce qui se fait, de ce qui ne se fait pas et surtout de ce qui se dit et se décide au cours des grands sommets et qui n'est jamais suivi des faits. La liste des ignominies, perpétrées par les hommes, s'allonge de jour en jour. Dieu merci, à une petite échelle, chacun de nous peut se montrer digne de son statut d'être humain. En ce qui me concerne, ma culpabilité se dissipe quand, par bonheur, je peux agir, me rendre utile à celle ou celui qui pourrait avoir besoin de moi. Je sais trop ce que signifie une main tendue ; je sais trop les conséquences de ce geste que l'on fait ou que l'on ne fait pas. L'investissement est négligeable comparé aux résultats que l'on peut obtenir. Je ne comprends pas les personnes qui refusent de grignoter un petit peu de leur temps quand elles ont l'occasion de mener un vrai combat. Ne trouvons-nous pas notre salut dans notre bien-être intérieur ?

Odile Thébault, chargée de mission de l'association Vaincre la mucoviscidose, m'a permis de m'impliquer dans une cause noble. De quoi avais-je réellement besoin ? D'exister ! Je souffrais de mon enfermement, soit. Elle m'a tendu la main et m'a donné la chance d'en sortir. Cette femme d'exception est un modèle pour moi. Elle a sacrifié sa vie au combat de cette maladie. Depuis plus de vingt ans, elle s'y consacre corps et âme. Sans ménager sa peine. Avec Odile, j'ai vécu une très belle histoire qui a bien failli ne jamais commencer.

Mes bureaux étaient rue de Bassano à Paris et j'allais régulièrement grignoter un morceau chez Guy et Chantal, propriétaires d'un petit bistrot qui se trouvait à deux pas. Odile et Chantal étaient très liées. C'est ainsi que nous avons été mis en relation. À cette époque, j'étais soucieux de ne pas perdre de temps. Un jour, je lui fais savoir que je lui accorde trois minutes. « Pas une de plus ! » Trois heures après, nous parlions encore ensemble passionnément. Elle était venue me parler de Cyril : « Cyril est un enfant de quinze ans atteint de la mucoviscidose en phase terminale. Lorsque je lui ai demandé ce que je pouvais faire pour lui, il m'a répondu qu'il voulait voir un spectacle à l'Olympia avec Gérard Lenorman... Depuis, je cherche à vous rencontrer. »

Comment refuser d'exaucer le vœu d'un enfant ? Pour Odile, rien n'était impossible ; elle croyait en ses rêves. J'avais, moi aussi, envie d'y croire. Quoi de plus triste et de plus poignant qu'un enfant qui n'a plus d'avenir ? Je l'ai mis en contact avec Jean-Michel Boris, directeur de l'Olympia, qui a offert la location de salle et, quelques semaines plus tard mon équipe et moi, nous offrions au petit Cyril assis au premier rang « son » spectacle. C'était ma première grande rentrée au service de la mucoviscidose. Odile et moi, nous étions faits pour nous comprendre. Bien sûr, dès le premier rendez-vous, j'avais accepté de parrainer son association. Cette confiance mutuelle ne s'est jamais démentie. Je sais qu'Odile et les personnes dévouées qui travaillent à ses côtés se démènent sans compter. Nul besoin d'éplucher leur comptabilité. En matière d'œuvres caritatives, ce n'est pas monnaie courante. Souvent, charité bien ordonnée...

Odile dit à qui veut l'entendre : « Gérard est un type qui se donne intégralement ! » Moi qui ai longtemps craint de devenir un cœur de pierre, me voilà rassuré ! Il est des héritages qui vous filent le frisson. Mon enfance a été desséchée, étriquée, abîmée – je ne le dirai jamais assez ! J'ai été malmené mais personne n'a pu toucher à mon intégrité ; j'étais docile, par la force des choses, et pourtant, je n'ai laissé personne anéantir mon désir d'aller vers les autres, même si cela m'est difficile. Le respect, celui qu'on ne quémande pas, je l'ai obtenu grâce à Odile. C'est elle qui me l'a révélé. J'ai eu, en grandissant, besoin de prouver et de me prouver qu'il y avait quand même du bon en moi. Enfant, je n'étais rien. Adulte, je valais peut-être quelque chose. En cela, notre rencontre a revêtu une importance capitale.

Ce petit bout de bonne femme m'impressionne car elle fait montre d'une générosité et d'un équilibre exemplaires.

C'est un être attachant qui m'a réhabilité à mes propres yeux. Mais avant d'accepter ce que je considérais comme un fabuleux cadeau, j'ai éprouvé quelques réticences. On ne se refait pas. Je n'osais pas « y aller » car j'avais une peur bleue du phénomène de récupération qui peut tout gâcher. Et si on allait penser... Incorrigible, pour ne pas dire indécrottable ! Odile a pris le taureau par les cornes et m'a, pour ainsi dire, sauvé de moi-même.

Elle peut me reprocher, de temps à autre, de me montrer un peu trop hésitant et timoré. Si c'est le cas, elle me remet aussitôt sur les rails : « Gérard, oubliez un peu votre ego. Je vous demande d'appeler Untel ou Untel parce qu'il y aura des retombées pour l'association dont vous êtes le parrain. Ce n'est pas pour vous que vous demandez quelque chose. Faites-le pour moi ! Faites-le pour nous ! »

Alain-Dominique Perrin, le président de Cartier, sait donner, lui. Le solliciter n'était pas un problème car c'est un ami. Mais lorsque j'avais affaire à des inconnus, je manquais d'audace. Je me réfugiais derrière un timide : « Mais, Odile, j'en ai déjà parlé. » Je l'avoue, c'était une sorte de supplique pour que mon « calvaire » cesse. Elle ne cédait pas et me poussait dans mes retranchements. Parfois, Odile m'a mené la vie dure mais toujours avec une amitié indéfectible. « Oui, je sais, Gérard, cette personne est très sollicitée, mais je suis sûre qu'elle vous apprécie et c'est grâce à votre notoriété que vous pourrez nous aider. Allez ! »

Se retrouver au centre d'actions dites caritatives ne garantit pas toujours les plus belles rencontres. Il s'en est fallu de peu pour que je refuse de participer à l'émission organisée après la mort du jeune Grégory, vainqueur de la Star Academy, et décédé des suites de cette terrible maladie.

Aller montrer ma pomme à des millions de téléspectateurs ce jour-là me mettait mal à l'aise.

« C'est bien pratique d'avoir la mucoviscidose. Avec ça, on est sûr d'arriver gagnant ! » Avoir entendu de telles inepties, reprises allégrement dans la presse people que l'on connaît, ne me donnait pas l'envie de croiser certains individus. Que des journalistes osent rapporter ce que je considère comme une injure, je trouve ça honteux. Honte à la presse. Et honte à nous. Des Grégory Lemarchal, nous en avons connu des dizaines dans l'association, malheureusement. Et je ne trouve pas si « pratique » que ça de mourir à vingt-quatre ans. Cinq minutes avant l'antenne, j'étais sur le point de quitter le plateau. Mais la maman de Grégory m'a retenu.

Odile et moi, nous sommes deux petits « soldats » du même niveau, prêts à servir. Comme dit la chanson, nous nous sommes connus, reconnus, réchauffés, mais jamais perdus de vue ni séparés. Odile a même joué les garde-fous au-delà de notre action pour la mucoviscidose. Elle m'a toujours protégé des importuns. Elle a son franc-parler et remet les pendules à l'heure lorsqu'elle le juge nécessaire. L'excellent acteur François Cluzet, qui a rejoint notre action, à l'instar d'Isabelle Carré, pour ne citer qu'eux, m'a rapporté le discours qu'Odile lui a tenu à mon propos. « Si je n'avais pris Gérard par la peau des fesses, il ne serait pas venu ce soir. L'équipe de la maison de disques Universal était là au grand complet et les mondanités, ça le fait fuir. » Comme Odile Thébault a bien fait de me donner un bon coup de pied au derrière, ce soir-là. J'avais encore des messages à faire passer pour aider l'association Vaincre la mucoviscidose. Je ne la remercierai jamais assez. Malgré vingt ans d'action à ses côtés, j'avais encore besoin qu'elle me pousse !

J'ai eu, Dieu merci, de multiples occasions de me rendre utile. Je suis fier d'avoir pu aider des enfants. Je repense à cette jeune fille et à son frère drogués. J'étais la seule personne à pouvoir faire quelque chose pour ces adolescents paumés. Ou du moins, ils en étaient persuadés et m'avaient choisi pour les accompagner et les soutenir dans leur sevrage. Quelle belle preuve de confiance ! La jeune fille n'était pas venue quémander de l'argent, un autographe ni poser pour une photo souvenir. Non. Elle était venue chercher de l'aide. Un peu d'amour. Notre échange avait été succinct mais authentique. « J'aime ton univers. Tu es le seul à pouvoir nous sortir de là. »

OK ! Pour moi, le spectacle de ces jeunes gens très beaux, très simples était émouvant. Je devinais la douleur et la misère auxquelles ils s'exposaient. Leurs parents n'arrivaient plus à rien. Les « petits » avaient focalisé sur moi. Mon album *Quelque chose et moi*, aux résonances ésotériques, les avait touchés. La chanson était de la trempe de *La Force d'aimer*. Mais le constat y est différent. Une nouvelle vie, une nouvelle ère... Ça leur avait parlé, sans doute.

À chaque passage en Suisse, je respectais l'engagement pris et le petit rituel de nos retrouvailles jusqu'à ce que ces jeunes gens s'en sortent. Je ne sais pas si j'ai su trouver les mots. J'ai simplement pris le temps d'écouter. Et j'ai pu donner un peu de moi-même cette fois encore. J'ai essayé de leur apporter une petite étoile, une étincelle. Voilà, c'est tout, pas de quoi en faire un plat.

Ma plus grande honte, je l'ai reçue de plein fouet, comme une gifle cinglante, à la mort de l'abbé Pierre. J'ai pris conscience de mes carences, de mon inaptitude à m'engager spontanément. Quand j'ai eu l'occasion de rencontrer l'abbé Pierre, je m'étais dit : « Voilà une grande cause à défendre et quelqu'un auprès de qui tu pourrais te rendre utile. » J'admirais et j'aimais l'abbé Pierre parce qu'il n'a jamais manqué une marche de sa vie. Il les gravissait quatre à quatre, pas pour son ascension personnelle, mais pour aller vers les autres. Vite. Parce qu'il y avait urgence. Ce qu'il a entrepris et réussi avec les Compagnons d'Emmaüs démontre qu'il était un sacré bâtisseur. Et moi, qui me targue d'en être un, je n'ai jamais rien fait. Son œuvre est incontestable même si on a essayé de fouiller dans son passé pour le salir : ses engagements politiques, sa vie sentimentale, tout y est passé. Bravo ! Quelle élégance !

Pareil pour Coluche ! L'idée des Restos du cœur reste une des plus belles initiatives de ces vingt dernières années. L'un comme l'autre m'ont sollicité. J'ai toujours répondu présent mais était-ce vraiment suffisant ? La vie mérite un peu plus d'implication quelque fois. Je suis trop souvent béatement spectateur de la vie. S'émouvoir, c'est bien, mais se bouger le cul, c'est mieux. Bien sûr j'ai offert des concerts, bien sûr j'ai donné de mon temps, bien sûr je me suis déplacé lorsque je sentais que ma présence pouvait faire bouger les choses, mais trop souvent je n'ai pas osé faire le premier pas. Aux êtres les plus proches de moi, je ne sais pas mieux donner. Plus j'aime quelqu'un, plus je suis gauche. Il faut me voir offrir un cadeau à un être cher. Cela tient du gag. J'aurais tendance à jeter le paquet à la figure plutôt que de m'emberlificoter dans des déclarations qui risquent de m'étouffer. « Tiens, tu sais quel jour on est ? – Oui, bien sûr, grand couillon. Et merci de ta délicatesse. »

Ce blocage m'a poursuivi toute ma vie. Je mets des heures à préparer des jolies phrases et le moment venu rien ne sort. Il m'arrive aussi carrément d'oublier. Table rase, rien ! Alors, là, le problème est réglé. Cette gêne, je ne parviens pas à la faire disparaître. Le cadeau ainsi balancé, j'estime m'être débarrassé d'une corvée : celle qui consiste à dire « je t'aime ». Parce que là, c'est l'impasse.

Pendant mes plus belles années, j'ai été enfermé à double tour, non pas dans un corps, mais dans une cellule forte. Aujourd'hui encore, je me sens l'âme d'un prisonnier, même si les chaînes me semblent moins lourdes, moins épaisses. De temps en temps, je parviens à en faire sauter une. Je n'ai pas le droit de me plaindre, ce serait indécent. Même si l'abandon, non avéré mais vécu comme tel, m'a fragilisé. Même si la trahison m'a affaibli, mutilé à vie. Je ne suis pas un cas unique. Et je m'en suis plutôt bien sorti. Je ne reviens pas de si loin que ça, après tout. D'autres que moi ont subi de bien pires affronts et de plus mauvais traitements. Il y a eu tellement de gestes tendres envers moi. Il y a eu tant de sollicitude. S'ils savaient, tous ceux qui m'ont aidé, comme je les estime ! Je n'ai pas su leur dire merci. C'est une sacrée infirmité. *Mea culpa.*

Je m'étais juré, en 1984, lorsque le chaos a secoué mon mariage, de ne jamais faire subir un tel sort aux êtres qui m'étaient chers. Ce trouble socio-familial, qui avait la violence et la soudaineté d'un dérèglement climatique, m'a submergé et a tout emporté sur son passage. Ce véritable séisme m'a déstabilisé et a réveillé mille doutes. Qu'allais-je devenir ? Que devais-je faire ? Est-ce que ça valait le coup de continuer ? Est-ce que je devais tout arrêter ? Emporté par ce tourbillon, j'ai vite eu la confirmation de ce que je redoutais : c'était définitivement perdu. Une fois de plus, je devais faire une croix sur ma famille.

Je ne souhaitais pas me séparer de Caroline, ma future ex-femme. Moi, le bâtisseur, j'avais construit, et tout s'écroulait. Je m'étais pourtant juré que je n'abandonnerais jamais mes enfants. Je les aimais. Mal certainement, mais je les aimais. Je ne voulais pas faire éclater la cellule familiale car j'avais à cœur de ne jamais nuire à mes quatre enfants, sachant trop les dégâts que cela pouvait causer. Je me l'étais promis. Après, les circonstances de la vie ont fait qu'ils ont dû se sentir démunis devant l'absence. Je connais ce sentiment qui laisse un goût amer et contre lequel on ne peut rien. C'est une forme de renonciation. Je n'ai pas su veiller au grain. Je n'ai pas su ou pas pu redresser la barre. Cela restera une blessure. Encore une ! Mais, c'est la vie...

Aujourd'hui, j'aimerais combler Marie de bonheur. C'est un vœu pieux. Cela fait dix-neuf ans que j'essaie. Est-ce que l'attardé sentimental que je suis saura, un jour, lui offrir tout ce qu'elle mérite ? Fragilisés par la vie, l'un et l'autre, nous avançons avec prudence et confiance. Nous avons, chacun de notre côté, traversé des chemins épineux et avons pansé ensemble certaines de nos blessures. Restent mes faiblesses, mes incapacités, mes maladresses et mes blocages. Mais je lutte chaque jour davantage pour les vaincre. Pour elle et grâce à elle.

Marie, c'est un sourire, c'est une voix. Marie, c'est une promesse. Avec elle, j'embrasse la vie, je la caresse et la chéris. *Chérie*, encore un mot que je ne sais pas dire...

Épilogue

Il ne faut pas de tout pour faire un monde.
Il faut du bonheur et rien d'autre.

Paul ELUARD

J'ai intitulé ce livre *Je suis né à vingt ans*, mais j'aurais tout aussi bien pu choisir *Je suis né à trente ans* ou *Je suis né à quarante ans*. La symbolique reste la même. En fait, c'est peut-être maintenant que commence ma vraie vie !

Avant de faire mon petit bonhomme de chemin – je vous l'ai révélé – un immense silence a régné sur ma vie. Pris dans le piège d'une immense attente, je me suis lancé à la poursuite d'une immense quête et ce, dans la paralysie la plus totale. Parce que j'étais paralysé. Oui. Paralysé ! C'est une sacrée infirmité que d'être physiquement et sentimentalement handicapé. J'ai tenté de déployer mes ailes, mais mon envol vers la vraie vie n'a pas été facile et il ne l'est toujours pas.

Vous l'avez compris, je ne suis, à ce jour, qu'une esquisse de moi-même. Vous confier que « je suis né à vingt ans » signifie qu'il m'a fallu du temps pour passer le pont qui me menait de mon ancienne vie à la nouvelle, pleine de promesses et de lumière.

Vous le savez mieux que personne, j'ai commencé à exister avec vous. Grâce à vous. J'ai commencé à exister quand j'ai fait la une des magazines, quand j'ai été invité par les chaînes de télévision et les radios et que mon nom s'est transformé en néon. Je le pense sincèrement : mon existence a commencé à se dessiner à ce moment-là. Mais que l'on ne se méprenne pas ! Je ne suis pas enclin à sombrer dans l'autosatisfaction. Je ne me gargarise pas de vous avoir intéressés, accompagnés dans vos bonheurs et vos chagrins, touchés, émus et séduits. Je suis fier, en revanche, d'avoir dépassé certaines de mes déficiences, surmonté mes pudeurs et appris à vivre avec mes blessures. Ça, oui, je m'en vante !

J'ai la chance de ne pas exercer un métier, mais de vivre une vie. Je ne sais pas si c'est une belle vie, mais en tout cas, c'est une vie. Si je n'avais pas eu la scène, je crois bien que je ne serais plus là. La scène, c'est mon abri. Ma piste d'envol et ma tour de contrôle. C'est mon château fort. La scène, c'est ma cour de récré, ma salle de jeux, mon confessionnal et ma chambre d'amour. C'est là que je me sens libre. Je peux littéralement voler, je peux vider mon cœur et donner mon âme à tous ces hommes, ces femmes et ces enfants qui m'ont aimé. Et toi, Madeleine, comme tu es loin dans ces moments qui me font vibrer ! Tu n'es pas dans ces échanges sincères, spontanés, tendres, émouvants, caressants, croquants et craquants, débordants et rassurants. Non, tu n'es pas là. À ceux et celles qui m'ont accordé leur confiance, je donne tout. Mais toi, Madeleine, tu n'as jamais voulu accepter quoi que ce soit. Ni de moi ni de personne. Tu n'as pas pu, pas su ou pas osé recevoir ce qui t'était offert, acquis ! Il aurait suffi d'un geste, d'un petit geste, d'un regard, d'un petit regard, d'un mot, d'un petit mot... Il aurait suffi d'un petit rien au présent pour effacer le passé.

Un signe de toi aurait agi comme une gomme gigantesque ; ainsi aurais-je eu droit à un avenir.

J'ai tenté, tout au long de mon témoignage, de vous raconter comment on peut vivre à côté de sa vie pendant des années, mais aussi comment l'on peut se tirer d'affaire avec dignité et humilité. L'humilité est la seule chose dont un être humain ait besoin.

Longtemps, je me suis privé de l'essentiel, de ce qui constitue le bonheur : parvenir à me libérer de mon fardeau, essayer de traduire mes sentiments et pouvoir les partager, tenter de faire taire ma honte. Réussir à bousculer tout ça et devenir enfin normal. Et rigoler, bon sang ! Je me suis souvent réfugié derrière le rire. Même si je réprouve le cynisme, j'ai flirté d'un peu trop près avec l'humour grinçant et équivoque. En société, il m'arrive de me lancer dans de grandes discussions, de défendre des points de vue, d'argumenter et de me passionner pour un sujet. Mais j'éprouve vite le sentiment étrange de m'être glissé dans la peau d'un autre et de participer à un jeu de rôle. Et surtout, je ne tiens pas longtemps. Si j'ai pu survivre dans ce chaos, c'est grâce à une sagesse innée : subir sans subir, souffrir sans souffrir, être indifférent sans l'être. J'ai toujours fait confiance à mon instinct. Cela m'a probablement évité de nombreux écueils qui auraient pu me conduire tout droit à la descente aux enfers. Je n'ai pas brûlé ma vie ni perdu mon âme. J'ai toujours écouté celle que j'appelle ma petite voix intérieure, mon Jiminy Criquet à moi : ma tendre Augustine.

Jusqu'ici, j'ai toujours refusé de faire défiler le film de ma vie car je ne voulais pas me replonger dans les abysses.

Je suis longtemps resté gelé dans les grandes glaces. Très longtemps. Figer le passé pendant toutes ces années m'a sûrement permis de préserver mon présent et me donner foi en l'avenir. Je me demande si, inconsciemment, ce n'était pas une tactique pour rester digne, en dépit des mensonges et des chagrins. Quelqu'un qui ne se sert pas de ses souffrances à mauvais escient. Je sais que je peux être excessivement blessant parfois, mais ce n'est jamais une volonté. Les blessures, je connais. J'ai trop de respect envers l'être humain pour le bassiner avec les miennes et encore moins lui en infliger d'autres.

C'est, sans doute, pour rattraper le temps et la tendresse perdus que je me suis résolu à aborder ici, au grand jour, un sujet qui nous concerne, Madeleine et moi. Ce n'est facile ni pour l'un ni pour l'autre. Cette conversation que nous n'avons jamais pu avoir, peut-être l'aurons-nous grâce à ces pages ? Après avoir déposé mon bagage, mon colis encombrant – chacun son tour ! –, ma vie commencera-t-elle peut-être vraiment ?

Et toi, Madeleine, comme tu es loin ! Éric, ton fils, mon frère, mon ami, m'a beaucoup aidé à parler de toi, de celle qui répond au doux nom – imprononçable – de « maman ». Le mot qui coince, le mot qui brouille et qui chamboule. Le mot qui interdit toute évocation normale d'un passé et de souvenirs qui ne l'étaient pas.

Comme j'aime entendre les autres, les gens normaux, parler de leur mère. Cela semble leur réussir. Comme si le fait d'avoir eu une mère dans leur vie, à leurs côtés, les avait sécurisés. Je réalise que ces enfants-là ont pu grandir. Ils sont devenus, grâce à cette présence inestimable, des adultes construits. Des êtres bien dans leur peau.

Épilogue

Il est grand temps que Madeleine, qui ne rajeunit pas, sache et comprenne. Il est grand temps que j'ouvre mon cœur à cette femme qui m'a mis au monde. Et je tiens à le faire de son vivant. Attendre sa disparition pour livrer le fruit de ma bataille serait passablement traître. Et la traîtrise, vous savez ce que j'en pense.

Toutes les photos du cahier hors-texte proviennent de la collection personnelle de la famille Lenormand, à l'exception de :

p. 6 : Patrick Lesur/Sony (au milieu) ; Alain/AZ (en bas à gauche) ; Sony (en bas à droite) ;

pp. 7, 8 (en bas), 9 (au milieu et en bas) ; 10 (au milieu) : DR ;

p. 8 : Patrick Chauvel/*France Soir* (en haut) ;

pp. 9, 10 : Rue des Archives/Agip (en haut) ;

p. 10 : Jicky Dussart/Rapho (en bas) ;

p. 11 : Michel Cinfray/Gamma ;

p. 12 : Gabrielle Cristofari (en haut) ; Marie Maunier (au milieu et en bas).

Table

Achevé d'imprimer par N.I.I.A.G.
en novembre 2008
pour le compte de France Loisirs, Paris

N° d'éditeur : 53858
Dépôt légal : août 2008

Imprimé en Italie